日本史籍協會編

藩制一覽

一

東京大學出版會發行

藩制一覽表

例言

一、藩制一覽表九册ハ、舊修史局ニ於テ、集錄編纂シタルモノヽ如ク、原本ハ目下內閣記錄課ニ所藏ス。其ノ書修史局ノ罫紙ヲ用ヰ朱字ヲ以テ書入ヲナシ、或ハ符箋ヲ爲シ、或ハ其局編修員ノ私考ヲ追記スル所アリテ、體裁一見稿本ノ如シ。

一、內容ヲ檢スルニ、本書ハ明治初年、太政官ガ各藩ニ向テ其藩ノ草高、稅目、稅額、人口、戶數、社寺數ノ調査ヲ命セシニ對シテ、明治二、三年ニ亘リ、各藩ヨリ上申セシモノヲ集錄シタルモノノ如ク、一二各藩當時ノ記錄ト對照スルニ、其數字略同一ナルモノアリテ、信據スベキモノト云フヲ確言シ得ベク、明治初年ノ國勢ヲ知ル唯一ノ史料トシテ、貴重スベキモノナリ。

一、今茲ニ、國勢調査書ノ史料トシテノ價値ヲ縷々スルヲ要セザレドモ、社會變革ノ時機ニ際シテ、斯種ノ史料ハ歷史考察上最モ貴重ナル文獻ナリ。殊ニ維新當時ノ史籍中、此種ノ史料ハ極メテ稀有ニシテ、此ニヨリテ初メテ當時ニ於ケル各藩ノ生產額等ノ物質的基礎ヲ知ルコトヲ得。又士族卒族等ノ戶數人口等ヲ明瞭ナラシメ、此ノ資料ノ使用方法如何ニヨリテ、極メテ有益ナル觀察ヲ遂ゲ得ベシト信スルモノナリ。
一、本書出版ニ際シテハ、内閣記錄課ガ、學術研究ノ爲メ非賣品トシテ印刷ヲ以テ謄寫ニ代エ頒布スルヲ許可セラレタル厚意ヲ深謝ス。
一、原書欄内及欄外ノ朱書ハ、括孤（）ヲ施シテ之ヲ示シ、一々其旨ヲ記入スルコトヲ省略セリ。

昭和三年八月

日本史籍協會

藩制一覧一 目次

第一

第三

第五

藩制一覽表第一

○嚴原藩

一米三百三拾七石八斗四升八夕三才
　但本藩年租籾六百七拾五石六斗八升一合六夕七才米ニ直シ如是
一同貳萬六千七百九拾九石壹斗八升六合八夕九才
　但九州管轄所年租五ケ年平均ノ現米如是
一金四萬三千三百拾壹兩永五百八拾文
　但本藩麥七千貳百拾八石五斗九升六合七夕四才石六兩ニ見積
一同壹萬千百七拾貳兩永七百拾八文八步
　但下毛宇佐本途ノ大豆千八百六拾二石壹斗壹升九合八夕石六兩ニ見積凡如是
一同壹萬三百三拾七兩永七百貳拾壹文貳奮

但本藩九州管轄所雜税取立五ヶ年平均高如是

都合　米貳萬七千百三十七石貳升七合七夕貳才
　　　金六萬四千八百貳拾貳兩永拾九文八歩貳釐

內　米三萬三千八百六拾四石五斗八升壹夕七才

　　金五萬五千九百三拾六兩永三百七拾五文

　　同四千三百三拾壹兩永百五拾八文貳釐

　　麥七百貳拾壹石八斗五升九合六夕七才　石六兩替ニシテ

　　同千百拾七兩永貳百七拾壹文八歩八厘

　　大豆百八拾六石貳斗壹升壹合九夕八才　石右同斷

右內書之分公廨其外一歲費用調書之高如是

差引不足　現米六千七百貳拾七石五斗五升貳合四夕五才

同斷過上　金三千四百三拾七兩永貳百拾四文九歩貳厘

○公貿易ニ付朝鮮國ヨリ年分取入之品々覺

一白米壹萬六千六百貳拾俵五升壹合貳才

内壹萬三千三百三拾三俵壹斗七升五合
　公木四百束を以換米ニ相成候分
同三千二百八拾六俵四斗六合二才
　物換米其外口々取入米之分
代六錢壹萬九百四拾貫三百四拾四匁五分六厘六毛（壹俵五斗三升入 壹石金九兩替ニテ）
一公木三萬三千貳百四拾五匹七尋貳寸
代銀三千四百四拾貫九百九匁六分壹厘九毛（壹匹金三分替）
一大豆三百拾七俵壹斗四升三合五夕
代銀九拾五貫百九拾六匁壹分（壹俵三百匁替）
一小豆拾三俵四斗壹升八合貳夕五才
代銀四貫八百四拾二匁七分七厘五毛（壹俵三百五拾匁替）
一葛網三拾三房　一萩皮網拾二房　一折釘五百七拾五本
一折絲四百貳拾俵　一大苫百六拾枚　一荒苧五百六拾四斤

一帆莚八拾三枚　一大竹六百六本　一藁四百五拾九束

一折杭四本　一折板五枚

十一品　代銀三貫六百五拾貳匁五厘

一人參三拾五斤百四拾匁　代同百六拾六貫八百拾八匁七分五厘　壹斤四貫六百五拾匁替

一虎皮拾七枚　代同二拾貫四百匁　壹斤壹貫貳百匁替

一豹皮二拾壹枚　代同九貫四百五拾匁　壹枚四百五拾匁替

一白布百貳匹　代同貳貫五百貳拾匁　壹匹貳拾壹匁替

一白紬八拾五匹　代同壹貫三百三拾八匁七分五厘　壹匹拾五匁七分五厘替

一馬省七拾貳　代同拾六匁貳分　壹ツ貳分貳厘五毛

一油布六拾五匹　代同三百四拾壹匁貳分五厘　壹匹五匁貳分五厘替

一白木綿百六拾疋　代同貳貫八百八拾匁　壹疋拾八匁替

一筆七百九拾五本　代同七拾九匁五分　壹本壹分替

一墨七百九拾五挺　代同百五拾九本（匁カ）　壹挺貳分替

一蠟掛平包拾九　代六錢八拾五匁五分壹ッ四匁五分替
一布平包貳拾五　代同四拾八匁七分五厘壹ッ壹匁九分五厘替
一大油紙七拾四枚　代同六百六拾六匁壹枚九匁替
一笠紙五百七拾枚　代同四百貳拾七匁五分壹枚七分五厘替
一油貳石九斗七升五夕　代同壹貫七百八拾二匁三分壹升六匁替
一胡桃子壹石七斗五升　代同百三拾壹匁貳分五厘壹升七分五厘替
一松ノ實壹石七斗五升　代同貳百拾匁壹升壹匁貳分替
一干栗壹石七斗五升　代同百七拾五匁壹升壹匁替
一棗壹石七斗五升　代同百七拾五匁壹升壹匁替
一花席拾五枚　代同七匁五分壹枚五分替
〆六錢壹萬四千六百九拾貳貫六百五拾七匁三分六厘
内四千四百七拾九貫貳百貳拾壹匁四分貳厘
内四千貳百八貫六百五拾四匁四分貳毛

白米六千三百九拾三俵三斗貳升六夕三才　代

同貳百七拾貫五百六拾七匁

但此銀米漂民迎送入目朝鮮關所ゝ召仕候役々宛行船賃銀水夫飯米賃銀其外公貿易ニ付一躰之諸入目如斯

同貳拾九貫八百三拾四匁四匁四分　胡椒三千百斤代壹斤九匁六分貳厘四毛

同四拾六貫三百八拾匁壹分五毛　丹木七千五斤代壹斤六匁六分貳厘壹毛

同壹貫八百九拾匁　明礬石千四百斤代壹斤壹匁三分五厘

同九百九拾八匁四分　日本朱八斤代壹斤百貳拾四匁八分

同百四拾匁四分　紋紙千八百枚代百枚ニ付七匁八分

同貳百九拾九匁九分九厘九毛　蒔繪家入七寸鏡六面面ニ付四拾三匁三分三厘三毛

同百貳匁貳分六厘六毛　蒔繪無足中丸盃壹束

同三百六拾七匁壹分壹厘六毛　蒔繪臺附大硯箱六

同五拾九匁八分　野風呂　壹

同百貳拾壹匁三分三厘三毛　金小屛風壹雙

同百三拾八匁七分三厘貳毛　銅三入子手洗壹組

同千貳百九拾九貫貳百七拾匁　荒銅貳萬六千九百斤

看品銅之分　百斤ニ付船賃諸雑費用共三拾五兩替ニ見銀ニシテ如斯

同五百三拾壹貫三百匁　吹銅壹萬千斤　黒角價銅

同三百拾三貫九百五拾匁　吹銅六千五百斤　鑞代銅

同百七拾五貫貳百八拾匁七分　吹銅三千六百貳拾九斤

訓導副判事以下音物銀拾貫六百三拾六匁五分之代リ相渡候分如斯

右四口之銅是迄朝鮮渡銅之儀ハ主意モ違候譯ヲ以山方御買上直段ヲ以御賣渡シ被下銅坐方ヨリ百斤正銀貳百九拾匁替ヲ以御賣渡被下候付而ハ貿易之益モ相見ヘ御役職之手當假成ニモ相立候處只今ニテハ銅坐方御廢止ニ相成地賣銅拾ヒ買ヲ以手當仕候處ニテハ大ニ見込相違仕候事

内書

〆六錢六千八百七拾九貫三百拾四匁六分五厘七毛

〆六錢七千八百拾三貫三百四拾貳匁七分三毛

但朝鮮國より年分取入前之内差渡前之諸品代引殘り如斯

金ニ〆五萬六千六百拾八兩壹分貳朱銀六匁九分五厘三毛公貿易ニ而年分所務高凡如斯

○和館兩關所入費

一米八百拾九石壹斗七升貳合五夕八才

一錢八百拾五貫四拾三文

此小譯

〃米三百貳拾壹石四升壹合三夕

〃錢四百七拾三貫七百拾五文

但本藩兩關所詰役員給米且筆墨紙始年中諸入費且同所諸公役召仕候人夫ヘ相與候飯米平均ニシテ壹ヶ年如斯

〃米四百九拾八石壹斗貳升九合貳夕八才

〃錢三百四拾壹貫四百貳拾八文

但和館濱方詰役員給米且筆墨紙油蠟代ヲ始年中諸入費右同斷

○漂民入費幷飯米

一米九拾三石八斗三升壹合四夕六才
一錢壹萬三千八百九貫七拾四文
此小譯
〃米六拾石五斗三升八合八勺八才
〃錢千百貳拾三貫七拾九文
但自他漂民本藩在留中相與候飯米鹽噌代始一躰之諸入費平均ニシテ尤長崎ヨリ迎取候船中入費共如斯
〃米拾貳石八斗七升七合七勺七才
〃錢九拾三貫三百四文
〃自他漂民本藩ヨリ朝鮮國ヘ送還之節船中相與候飯米鹽噌代右同斷
〃錢千五百三拾六貫三百四拾壹文
但他領漂民長崎ヨリ船修理始一躰之諸入費右同斷

〃同五千七百六拾貫文
〃三千四百五拾貫文
但他領漂民凡一ヶ年六巡与見右之漂民最合ニシテ凡三度ニテ迎取候見迎使乗船三艘往來借入之船賃凡如斯
同貳千三百四貫文
但右漂民六巡之内乗船破損凡三艘と見駕船長崎ニテ借入船賃右同斷
〃米貳拾石四斗壹升四合八勺壹才
〃錢貳千九百四拾六貫六百文
但右漂民六巡三度ニテ長崎ゟ迎取候と見迎送トシテ同所ニ召仕候中士三人警固卒族拾貳人通詞且船附之者ニ至宛行之分尤朝鮮國ニ送還之節召仕候警固之者宛行共右同斷
〃錢貳千三百四拾九貫七百五拾文

但迎使三人上下九人通詞三人卒族拾貳人船附之者六人長崎逗留

旅籠之分右同斷

〇館中入費

一米七拾七石貳斗六升九合八勺八才

此精米六拾九石五斗四升貳合八勺九才

一錢五千九百三拾五貫百四拾三文

小譯

〃米四拾九石貳斗九升五合壹勺八才

〃錢三千六百六拾九貫三百七拾五文

但在館役員渡筆墨紙代初入費一ヶ年凡如斯

〃米貳拾七石九斗七升四合七勺

〃錢貳千貳百六拾五貫七百六拾八文

但館中建込之家々土藏板小屋普請入用大工飯米共如斯

一米三千三百貳拾三石九斗八合六勺
此精米貳千九百九拾壹石五斗壹升七合七勺四才
一錢貳百三拾四貫五百六拾七文
小譯
〃米千四百七拾四石九斗三升六合六勺壹才
〃錢貳百三拾四貫五百六拾七文
但和館在留役員給金米一ヶ年凡如斯
〃米三百九拾三石壹斗五升八合壹勺貳才
但和館往來役員船中飯米且大小船水夫飯米凡如斯
〃同百四拾六石貳斗貳升六合五勺六才
但和館往來大船水夫留守扶持如斯
〃米千三百九石五斗八升七合三勺壹才
但右同斷大船賃米高如斯

一米百八拾八石四斗六升五合四勺壹才
但朝鮮國通辨之者并町役共四拾壹人給米相與候分尤渡方異同有之事
合米四千六百拾五石六斗五升八合壹勺九才
合錢貳萬七千六百七拾九貫九百四拾八文
金ニシテ貳千七百六拾七兩九合九勺四才
合金貳千兩
合丹木千四百五拾斤
合大豆貳拾俵
合木綿百五拾疋
合銅千斤

參判使入費

一木綿四百五拾尺
一米六拾貳石壹斗三合七勺八才
一錢三千三拾（百カ）四拾四貫七百四拾八文
但參判使在館中諸入費且往來入用共平均ニシテ如斯

小譯

〃木綿四百五拾疋　判事ゟ相與候分
〃米三石五斗三升三合三勺三才
精米六俵ニシテ　小通事ゟ右同斷
〃錢八百九拾九貫六百八拾七文
但參判使在館中諸入費平均ニシテ如斯
〃米拾九石壹斗八升八合八勺八才
〃錢五百八拾九貫六拾壹文
但參判使渡込ニ付別段五拾人夫差渡候者ゟ賃銀飯米相與候分如
斯
〃米貳拾四石七斗四升五合四勺六才
但參判使乘船貳號船曳小隼頭漕船水夫飯米之分如斯
〃同拾四石六斗三升六合壹勺壹才
〃錢千五百四拾六貫文

但參判使一行在館中飯米且外向〻差遣候音物銀其外一行中〻旅
粧限相與候分如斯

○和漂民入費

一米八拾石九合四勺貳才

一錢五千四百八拾六貫八百貳拾貳文

小譯

〃米五石壹斗六合三勺八才

〃錢千六百六拾八貫九百八拾八文

但和漂民朝鮮國在留中諸入費凡如斯

〃米三拾七石七斗五升六合貳勺六才

〃錢百六拾九貫八百三拾四文

但右同斷ニ付別段差渡候三拾八之人夫〻相與候賃銀飯米之分如斯

〃米八石五斗七升七合七勺七才

但右同斷ニ付兩關所ニテ召仕候人夫ニ相與候飯米之分如斯

〃同拾四石五斗六升九合壹才

但右同斷ニ付別段差渡候役員宛行之分如斯

〃同拾四石

〃錢七百六拾八貫文

但和漂民護送使上士壹人上下四人卒族貳人船附壹人大坂長崎之間召仕候宛行之分如斯

〃同貳千八百八拾八貫文

但朝鮮ニ差渡候漂民駕船護送使乘船且本藩ヨリ大坂長崎之間送還之節借入候船賃共如斯

譯官渡來入費

一米五百貳拾三石八斗貳升五合九才

一錢貳萬六千八百四拾六貫五百四拾四文

小譯
〃米貳百貳拾石六斗四升五合八勺七才
〃錢六千六百五拾三貫七百六拾五文
但譯官逗留中五日次方諸入用之分如斯
〃米拾六石四斗五升貳合貳勺七才
〃錢八百四拾三貫八百九拾四文
但譯官迎五日次方諸入用如斯
〃米四拾八石四斗七升六合八勺七才
〃錢千三百八拾貫四拾四文
但送五日次方諸入用如斯
〃錢貳千百三貫貳百九拾七文
銅八千四百拾三斤壹勺ゝ八才ゝ
但堂上以下ニ定式相與候諸品代リ銅ヲ以テ相渡候分如斯

〃米貳拾五石六斗六升八合五勺
　但譯官渡來ニ付和館兩關所往來役員渡飯米之分如斯
〃同拾七石五斗六升七合壹勺貳才
　但右同斷ニ付往來船ﾆ水夫飯米之分如斯
〃同百七拾八石壹斗六升四合五勺
　但右同斷ニ付兩關所且村々ニヲ諸公役召仕候人夫飯米之分如斯
〃同拾六石八斗六升
〃錢壹萬五千六百五拾貳貫七百拾四文
　但右同斷ニ付逗留中右ニ屬候入用之分如斯
〃同貳百拾貳貫七百六拾文
　但右同斷ニ付出馬方入用之分如斯
一錢三百四拾六貫九百貳拾六文

一米貳百七拾壹石九斗壹升七合四勺三才
但右同斷ニ付掛役々江相與候米高如斯
戶數　壹萬三千九百七拾五戶　内對馬云々
人口　六萬六千六百貳拾四人　男三萬四千百六十人　女三萬二千四百六十四人
外ニ士族戶數　千八百三十七戶
同　人口　壹萬九百六拾人　男五千五百八十五人　女五千三百七十五人
外ニ卒族戶數　千八十二戶
同　人口　四千百二人　男二千五百六人　女千五百九十六人
外ニ社人戶數　百七拾三戶
同　人口　九百拾人　男四百七拾五人　女四百三拾五人
對馬國
神社　百九拾壹社　豐肥支配地別ニ錄ス
寺院幷盲僧　二百八拾七戶

同　人口　六百七拾九人（男四百六十人 女二百十九人）

外ニ穢多戸數　百拾人

同　人口　四百九拾六人（男二百六十人 女二百三十六人）

兵員　四百七十人　歩兵　六小隊　砲兵　二分隊

内　對馬國戸數　三千百四十二戸

人口　一萬四千六百三十九人（男七千五百三十六人 女七千百三人）

○岩國藩

草高

高

士族戸數　八百七拾四軒　同人口　三千五百三十三人（男千七百二十二人 女千八百十一人）

卒族戸數　五百八拾七軒　同人口　貳千七百十五人（男千五百十七人 女千百九十八人）

陪卒戸數　四百五拾六軒　同人口　千七百六拾四人（男九百三十一人 女八百三十三人）

郷士戸數　四拾八軒　同人口　百八十五人（男九十一人 女九十四人）

社家戸數　五拾壹軒　同人口　貳百七拾七人（男百四十三人　女百三十四人）
山伏戸數　四拾壹軒　同人口　百五十五人（男八十五人　女七十二人）
盲僧戸數　六十五軒　同人口　百六人（男六十九人　女三十七人）
神社　二十八社
銃兵　二大隊（兵員八百人）（一小隊兵員五十人　外ニ役司七十人）
砲隊　一砲隊（兵員三十六人　役司十一人）

○今治藩（届日限未詳）

○草高　四萬三千二百三十四石八斗一升四合
高　三萬五千石　込高千八百八石五升七合
改出新田高六千四百貳拾六石七斗五升七合
戸數（總數）　一萬五千六百八十一軒
人口（總數）　七萬四千九百九十四人
（總數）内（男三萬八千二百四十七人　女三萬六千七百四十七人）

内穢多戸數　四百七拾五軒
内穢多人口　四千三拾六人　内男貳千六人　女貳千三拾人
神社　四百八拾四社（内）社人戸數六十四戸　人口七百五十人　男三百七十人、女三百八十人
寺　八拾八ヶ寺（内）僧百九十二人　尼十人
村數　八拾六ヶ村（内）修驗戸數三十四戸　人口四百十人　男二百人、女二百十人
（内）士族戸數　三百六軒
（内）士族人口　千六百九拾七人　内男八百六十五人　女八百三十二人
（内）卒族戸數　五百拾四軒
（内）卒族人口　貳千五十一人　内男九百人　女千百五十一人
兵隊　十五小隊　一小隊凡五十人

○飯山藩（届日未詳）

○草高　三萬五千百九拾貳石貳斗九升七合
高　貳萬石

改出新田高壹萬五千百九拾貳石貳斗九升七合
（平均）正租米（現米）壹萬千五百拾三石四斗三升三合
（元治元甲子ヨリ明治元戊辰迄五ケ年平均）

諸雜稅
米六拾三石八斗壹升四合
金壹兩貳分
銀貳拾貫百貳拾三匁五分四厘
錢拾九貫五百四拾八文

（總）戶數　六千七百三拾九軒　非人穢多別ニ錄ス（士卒モ外ニ記ス）
（總）人口　三萬三百六拾五人
内　男壹萬四千七百八拾五人（内神主三十人　僧百八十人　山伏十八人）
　　女壹萬五千五百八拾人（内尼五人　神子二人）
外ニ非人戶數　三軒
外ニ非人人口　貳拾七人　男拾貳人　女拾五人
外ニ穢多戶數　五拾六軒

外ニ穢多人口　四百四拾四人　男貳百三十四人　女貳百拾人
（外）神社（三百六十四社庚午十月廿三日屆）
（內）寺　百五拾壹ヶ寺塔中寺庵共
外ニ士族戸數　百七拾五軒
（外）士族人口　八百六十九人　內　男四百七人　女四百六拾貳人
外ニ卒族戸數　貳百貳拾軒
外ニ卒族人口　五百八拾二人　內　男三百三十人　女貳百五十二人
外ニ社家女三十八人）（外ニ寺院女百十三人）

○犬山藩

○草高四萬貳千七百四石八斗三合壹勺
　高　三萬五千石
　城屬地城番地　但打出高共　六千貳百三拾貳石八斗五升四合
　新田高　千四百七拾壹石九斗四升九合壹勺

一 正租米　壹萬貳千五百拾九石八斗壹升九合六勺四才（甲子ヨリ戊辰迄五ヶ年平均）

（辛未六月調）

雜稅米　三百貳拾四石六斗六升九合七勺壹才（但石八兩立）

合現米　壹萬貳千八百四拾四石四斗八升九合三勺五才

總戸數　壹萬千七百八拾二軒

總人口　五萬三千三百貳人　内 男貳萬六千四百八人 女貳萬六千八百九拾四人

（外）非人戸數　四十七軒

（外）非人人口　百貳拾三人　内 男六拾七人 女五拾六人

（外）穢多　貳拾貳軒

（外）人口　九拾壹人　内 男四拾五人 女四拾六人

（庚午十月二日調）

（内）神社　百九拾社（内社家二十七戸 人口百四十三人 内男七十人女七十三人）

（内）寺　百八ヶ寺 修驗十五軒 堂守十八軒 陰陽師一軒 人口四百五十七人 男三百八人、女百四十九人

村數　六拾貳ヶ村（内修驗十五戸 人口六十人 内男二十四人女三十六人）

一（内）士族　千三百六十四人 男六百六十六人 女六百九十八人（三百十二戸）

（内）卒族　千百七拾三人　男五百七十人　女六百三人　（二百六十八戸）

○補遺（犬山藩）

庚午閏十月　社寺修験陰陽師堂守戸数人口區調

（庚午閏十月調）社家戸数　三拾四軒　（十月二日調ニ増七軒）
同　人口　男七拾七人　女八拾八人　（同　増七人　同　増十五人）
寺院　百十八軒　（同　増十寺）
同　人口　男二百八拾人　女八拾一人
陰陽師　壹軒　（同　員）
同　人口　男一人　女二人
堂守　三拾七軒　（同　増十九戸）
同　人口　男七人　女二十七人
修験　拾貳軒　（同　減三戸）
同　人口　男十八人　女二十六人　（△増戸合二拾一戸　減戸三戸）

合
男三百八拾三人
女貳百二十四人

（十月二日調寺院修験堂守陰陽師合人口）
（照會　四百五十七人男三百八人女百四十九人）

寺院陰陽師堂守修験
閏十月調合
四百四十二人男三百六人女百三十六人

（改正閏十月）
（改正）
（戸數一萬千八百戸）

（改正閏十月）
（改正）
（人口五萬三千三百九人　内男二萬六千四百十三人女二萬六千八百九十四人）

（差引十八戸增）
（△增社人廿二人男七人女十五人）
（△減十五人男二人女十三人）
（差引七人增　内男五人女二人）

〇出石藩

（草高　三萬貳千八百拾八石六斗四升四勺五才）

高三萬石

込高新田高
改出高　貳千八百拾八石六斗四升四勺五才

（十月調）

正租（安政六己未年　文久三癸亥年　五ヶ年平均）

米　壹萬貳千九百拾壹石六斗五升五合八才

大豆千六百八拾七石五斗壹合貳勺

合壹萬四千五百九拾九石壹斗五升六合貳勺八才

雜税

米　四百六拾七石壹斗壹升五合六勺四才

大豆拾石五斗貳升三合五勺

銀　五拾四貫五百九拾貳匁七分七厘（金一兩ニ付銀百匁之相場）

（十一月調）

戸數（町在）　七千七拾六軒

人口（町在）　三萬二千貳百壹人　內（男壹萬六千二百八拾六人　女壹萬五千九百拾五人）

番人戸數　四拾貳軒　番人人口　百九拾七人　內（男百五人　女九十二人）

（茶筅　四十二軒　人口百九十二人　內（男八十六人　女百六人））

社寺

穢多戸數　七拾八軒　人口　四百四拾四人　內男二百拾八人　女二百二拾六人

神社　三百七社（社人拾人　神子六人　山伏拾人）

寺　九拾ヶ寺（內庵八軒　○僧百九十七人○尼二十五人　○女二十九人）

士卒

村數

（外ニ）士族（二百八拾八軒）　千五百壹人男七百六人　女七百九十五人

（外ニ）卒族（三百三十三軒）　千二百八十四人男六百七十三人　女六百十一人

（右士卒ノ內兵士百九十七人　兵卒百十人　內子弟百四人）

○追補（出石藩）

但馬國支配地之內社人醫師戸數人員取調書

社家家數貳拾貳軒

人數七拾九人

內　社人家族共三拾六人　內拾七人男　拾九人女

山伏家族共三拾壹人　內拾九人男　拾二人女

（二月調）

神子家族共拾貳人　内七人男 五人女

醫師家數拾六軒　人數九拾九人　内四拾七人男 五十二人女

右之通御座候以上

二月　　　出石藩知事

○岩邑藩

高三萬石

（外ニ）込高新田高 改出高　四千五百五拾貳石六斗六合三才

（草高未詳）

現米　壹萬貳千四百四石七斗六升壹合九勺五才　子年ヨリ辰年迄五ケ年平均

雑税米　八百五拾五石四斗二升壹合五勺二才

金　九兩貳分永二拾二貫六百九拾二文三厘八毛

此米四石六斗三升五合六勺五才　但大凡三俵六分直段之積

戸數　人員　三萬千百四拾壹人　内男壹萬六千四百三拾九人 女壹萬四千七百〇二人

非人　穢多 戸數十三戸 人口百二人 男四十七人女五十五人
神社　貳百九拾六社　寺　六拾五ヶ寺
村數

美濃國土岐郡戸籍追加

高　五千貳百七拾八石八斗六升二合
戸數　千三百五拾四軒
人口　五千七百八拾八人 内 男貳千八百八拾九人 女貳千八百壹人 僧尼二十四人 男十六人、女十四人 神職二十七人 男十一人、女十六人 非人番二十人 男十一人、女九人
神社　六社　寺　拾五ヶ寺
村數　七村
兵官　二拾四人　兵士兵卒　百八十人

○一關藩

草高　三萬三百四拾七石三斗七升
高二萬七千石

（庚午四月）

込高 新田高　壹萬三千三百四拾七石三斗七升

正租米　壹萬六百三拾五石八升 萬延元申年ヨリ元治元子年迄五ヶ年平均

豆　千四百石二斗

金　千百七拾兩三分ト永七文 金壹兩ニ付錢拾貫文替

雜稅

金　五百八拾兩三分ト永四拾五文

戸數　四千五百九拾五軒

人口　貳萬六千百貳拾三人 男一萬三千五百五十一人 女一萬二千五百七十二人

內士族　三百三拾三軒　人口　千六百五拾八人　內 男七百八拾七人 女八百七拾壹人

內卒族　貳百八拾五軒　人口　千百四拾九人　內 男五百五拾壹人 女五百九拾八人

神社　貳拾四社

寺　三十六ヶ寺　內僧五十六人

社人　廿四戸　人口四十七人 男七十九人 女六十八人

○岩崎藩

草高
正租　現米　壹萬四百拾九石貳斗（申子ヨリ戊辰マテ五ケ年平均）
雜税
現米　六百三拾石
金　六千六百四拾兩　小役銀
此米八百三拾石五斗　但石八兩立
金　貳百五拾三兩永三百文
此米三拾壹石六斗六升貳合五勺
戸數　三千百八拾軒
人口　壹萬七千三百九拾七人（内男九千五百九拾壹人　女七千八百六人）
内
士族　百七拾壹軒　人口　五百四拾七人（内男貳百六拾三人　女二百八拾四人）
卒族　九拾八軒　人口　貳百四拾三人（内男百四拾八人　女九拾五人）

神社　四社　社人廿六人男十五人女十一人
寺　五拾三ヶ寺　僧二百五十六人男二百三十三人女二十三人
穢多非人渡守等無之場主ト相唱ヘ穢多ニ類スル者アリト記錄ス其人員未詳

○岩槻藩（元高二萬三千石）

草高三萬三千貳拾石四斗八升九合貳勺三才
甲子ヨリ戊辰マテ五ヶ年平均
正租米八千貳百三拾三石五斗七升四合
同　金貳千九百拾六兩三分永貳百三拾八文七分七厘
雜稅米拾三石七斗九升八合
同　金貳千百拾四兩壹分永貳百貳拾壹文九分
現米八千貳百四拾七石三斗七升貳合
合
金五千三拾壹兩壹步永貳百拾文六分七厘此石六百貳拾八石九斗三升三合

戸數　六千八百六拾貳軒
人口　三萬八千四百四人内男壹萬九千五十四人女壹萬九千三百五拾人
（内）
非人戸數四軒　非人人口七拾人内男三拾六人女三拾四人
穢多戸數三十七軒　穢多人口貳百四拾四人内男百四拾人女百四人
社家　四拾六戸　社人人口百六拾八人内社人四拾六人男四拾八人女七拾四人
寺　貳百拾壹ケ寺（内庵八軒）人口貳百貳拾六人内僧百九十五人男三十人女壹人
士卒族戸數三百七拾九戸　同人口千六百八拾三人内男九百六拾人女七百貳拾三人
村數百四拾六ケ村
（神社ノ數不記）
（知事家族十二人男十人女二人　船艦不記）
士族戸數二百〇三戸　人口九百九十四人内男四百九十貳人女五百貳人
卒族戸數百七拾六戸　人口七百三十九人内男五百十九人女貳百貳十人
修驗戸數三戸　人口男四人

○校訂者云以下三行原書朱書ニシテ頭書ナリ

○飯野藩（本高二萬石）

草高貳萬千六拾貳石八斗九升四合（新田込高共）
甲子ヨリ戊辰マテ五ヶ年平均
正租米七千百貳拾六石四升八合貳勺壹才
大豆三拾四石三斗四升　此米拾七石壹斗七升
永百七拾七貫四百五拾八文八分三厘四毛
此米貳拾貳石壹斗八升貳合三勺（石八兩）
雜税米三百貳拾三石七斗九升八合五勺七才
永貳拾貳貫貳百七文貳分三厘　此米貳石七斗七升五合八勺
銀貳貫三拾壹匁貳分　此米四石貳斗三升壹合七勺
合現米七千四百九拾六石貳斗六合五勺八才
戸數　四千三百七拾五戸
人口　貳萬千四百三拾三人（内　男壹萬〇七百三十四人　女壹萬〇五百五十三人）

社家　四戸（九人内男六人女三人　但神主四人）
寺　百拾ヶ寺（内三十八庵惣人口二百十三人内庵十三人）
（内僧）百四拾貳人内男僧百廿九人尼僧十三人
士族戸數　百八拾八戸　同人口　六百三拾八人内男三百十七人女三百貳拾壹人
卒族戸數　八拾貳戸　同人口　貳百〇三人内男百〇七人女九十六人
穢多戸數　貳百九拾六戸　内寺貳ヶ所
同　人口　七百三拾七人内男三百六拾三人女三百七拾貳人　僧貳人
村數　シレス
（知事家族不記　船艦不記　社數不記）
士族戸數百八十八戸　人口六百三十八口内男三百十七口女三百二十一口
卒族戸數八十貳戸　人口貳百〇三口内男百〇七口女九十六口

○校訂者云以下二行原書朱書頭書ナリ

○飯田藩（元高一萬七千石）

草高貳萬〇〇九拾貳石九斗壹升九合七勺七才

甲子ヨリ戊辰マテ五ヶ年平均

正租米九千百九拾壹石七斗三升七合壹勺

雑租米百貳拾三石壹斗四升壹合四勺四才

雑税米七百貳拾三石六斗貳升八合四勺八才

合現米壹萬〇〇三拾八石五斗〇七合〇貳才

巳年調へ 五千七百二十二戸 二萬六千四百十八人

戸數　五千七百七十戸（但シ午年調）

人口　貳萬六千五百八十人　内 男壹萬三千三百八十三人 女壹萬三千百九拾七人

神社　四拾九社（社人戸數十一戸　人口 男廿三人 女十九人）

（山伏戸數八戸　人口 男十一人 女十六口）

寺　五拾二ヶ寺（内寺三十六　塔中十二　尼四軒）

人口百六拾七人　内 男百三十六人 女三十壹人（内尼五人）

士族戸數　貳百八軒　人口　千七拾五人　内 男五百貳十六人 女五百四十九人

卒族戸數　百三拾軒　人口　五百〇四人　内 男貳百五十人 女貳百五十四人

村數　貳十六ヶ村
穢多非人戸數　百九軒　穢多非人人口　貳百貳拾貳人内男百九人女百十三人
（知事家族六人男二人女四人　船艦不記）

○磐城平藩

草高　二萬九千九百三十九石八斗九升四合
高　三萬石年號不審十二月
正租米　七千三百四拾四石九斗貳升五合
元治元甲子ヨリ慶應二丁卯迄四ヶ年平均
永　千八百八拾三貫三百貳十文五分八厘
雜税米　壹石六斗三升貳合
永　四百貳十貳貫貳十三文六厘
總戸數　三千二百十六戸　庚午ノ調
總人口　一萬六千三百三十九人

内
　士族戸數三百二戸　千四百八十一人内男六百七十七人女八百四人
　卒族戸數百九十五戸　七百五人内男三百六十一人女三百四十三人
　平民戸數二千五百二十四戸　一萬三千六百九十九人内男七千四十二人女六千六百五十七人
　社家戸數五十七戸　二百六十九人内男百三十一人女百三十八人
　僧　戸數百十九戸　五十六人内男四十八人女八人
　穢多戸數十六戸　八十一人内男三十七人女四十四人
　非人戸數二戸　三十八人内男二十三人女十五人
神社　四十八社
寺　五十壹ヶ寺
　外ニ　三百八十一石一斗　元朱地寺院十七ヶ寺高總合シテ

○生　坂　藩

草高　一萬五千石

正租米　五千六百八拾石三斗三升四合八勺 従甲子至戊辰五ヶ年平均

戸數　千七百七拾二軒

人口　九千九十七人 内 男四千八百五十四人 女四千百六十七人

内 士族戸數　八十六軒

内 士族人口　三百二十二人 内 男百五十六人 女百六十六人

内 卒族戸數　六十二軒

内 卒族人口　百七十四人 男八十九人 女八十五人

内 輕卒戸數　六軒　内 輕卒人口　七人 男六人 女壹人

内 穢多戸數　五十軒　内 穢多人口　九百三十八人 男五百壹人 女四百三十七人

内 神社　二十二社　内 寺　五ヶ寺 僧九人

内 社家　十六戸　六十七人 内 男三十七人 女三十人

内 隱亡　十五戸　九十人 内 男四十六人 女四十四人

○石岡藩

草高　二萬九千六十九石六斗八升三合壹勺

高　二萬石

込高新田改出高　九千六十九石六斗八升三合壹勺

正租米　五千貳百五十三石九斗九升五合（五ヶ年平均）

永　千貳百四十四貫貳百三十七文九分貳厘

諸雜稅

金　六百七十六兩三分也

永　二十九貫八百七十四文貳分

錢　百八十三貫五百貳文六分

戶數　二千七百七十四戶

人口　一萬六千九百十三人　内　男八千五百九十一人　女八千三百二十二人

外ニ士族戶數　百九十八戶

外ニ士族人口　九百一人　男四百十八人　女四百八十三人

外ニ卒族戸數　百九軒
外ニ卒族人口　百八十二人　男百二十六人　女六十二人
外ニ穢多非人戸數　十四戸
外ニ穢多非人人口　百人　男五十二人　女四十八人
外ニ神社　七十社
外ニ寺　九十八ヶ寺　四十八人　内男四十五人　女三人
村數　三十七ヶ村
外ニ社家　七十戸　百二十三人　内男六十五人　女五十八人
外ニ修驗　八戸　二十七人　内男十五人　女十二人
兵隊數
銃兵　二小隊　但シ壹隊兵員六十八人組込　内役司八人
大礮　二門　但シ礮手十二人　役司二人

○今尾藩

草高　一萬七千九百〇六石九斗一升三合
高　三萬石内壹萬石名古屋藩ヘ返ス 高二萬石
正税米　五千四百四十四石三斗三升七合
五ヶ年平均二萬石ノ正税
米　四十七石壹升壹合
村々見取并ニ野起畑藪起畑年貢
米　貳百壹石四斗四升壹合　口米
諸税金　三十二兩一分ト銀五匁六分五厘
戸數　五千七百三十二戸　内社寺庵共九十戸
人口　二萬六千四百拾一人内男一萬三千三百十四人 女一萬三千九十七人
内神社　九ヶ社男二十九人 女百十七人
内寺　七十一ヶ寺男百六十七人 女九十四人
外ニ士族人口　千三百三十七人男六百六十一人 女六百七十六人　戸數無之

外ニ卒族人口　三百五十三人男百七十六人女百七十七人　戸數無之

村數　二十九ヶ村

外ニ兵隊三百六十六人

穢多非人無之

兵隊銃兵　六小隊　但シ一隊各五十名ッヽ

外

役司　六十六人

總戸數ノ内　修驗堂八ヶ所　三十四人男十八人女十六人

庵室　二戸　女二人

受領

高五十二石　美濃國武儀郡吉田村　新長谷寺領

五ヶ年平均此物成　米十九石五斗

○校訂者云三行朱書

○伊勢崎藩

草高　貳萬五千四百九拾貳石三斗六升三合

改出新田高　五千四百九十二石三斗六升三合

正租米　壹萬貳千八百三拾俵二斗七升六合

子年ヨリ辰年迄五ヶ年平均

畑方同斷　金千八百三拾二兩二分銀廿八匁六分

諸雜稅　金百六兩二朱銀五匁九分

戶數　三千九百七十八戶　人口　二萬五十六人内 男一萬百六十七人 女九千八百八十九人

非人　十戶　同人口　三十四人内 男廿一人 女十三人

穢多　百二十三戶　同人口　五百八十四人 男三百五人 女二百七十九人

士族　百九十一戶　同人口　八百十五人 男四百十三人 女四百二人　兵士百六十三人

卒族　二十五戶　同人口　百十五人 男五十人 女六十五人

外卒族並　三十九人

神社　六十壹社 神主二十一戶 人口七十人 男三十五人、女三十五人

寺　五拾ヶ寺　僧七十四人

兵隊　三小隊　一小隊四十人 隊長三人役員二十二人

大砲　二門

○一宮藩

草高　壹萬六千百六石四斗六合三勺六才

高　壹萬三千石

新田高　五百三拾七石七升六升四合四才

込高　三千百六石四斗六合三勺六才

米　五千四百六拾五石八斗三合七勺三才 五ヶ年平均

戸數　二千八百八十四戸　人口　壹萬四千二百四人 男七千百四十四人 女七千十人

内 士族　七拾三戸

人口　三百十九人 男百五十二人 女百六十七人 兵士三十三人

卒族　四拾五戸

人口　百二十一人男六十二人女五十九人兵士四十七人
穢多　十三戸　人口　六拾人男二十九人女三十一人
神社　七社　寺　五拾五ヶ寺　庵　二ヶ所　堂　一ヶ所
村數　四拾三ヶ村

○泉　藩

草高
高一萬八千石
込高新田改出高　壹萬九千五百四十三石五斗壹升七合七勺五才
正税米　四千五百五十石二斗四升五合五勺八才自甲子至戊辰均算
米　三千九百六拾六石八斗八升八勺五才慶應元乙丑ヨリ明治二巳迄五ヶ年平均
諸税　金千三百九十一兩壹分壹朱錢六百十二文
士族卒族戸數　不詳　同士族人口　二百九名　卒族人口　五十一名
戸數　貳千四十九軒　人口　九千六百三人男四千八百三十四人女四千六百二十十人

内
社　三十九社　社人十六人　禰宜二人
寺　七十二ヶ寺　僧二十七人
堂　三ヶ所　庵室　五ヶ所
穢多戸數　二十四軒　同人口　九十八人　男五十四人　女四十四人
村數

○岩村田藩

草高　壹萬五千百貳拾五石四升九合四勺九才
高　壹萬五千石
正租米　三千六百五拾三石五斗六升貳合三勺　取立高五ヶ年平均
　高免貳分四厘三毛余
山林役年貢　永五拾貫九百壹文五分
米　拾石壹斗八升三勺
同　錢三拾四貫五百六拾三文

米　六斗九升壹合二勺

合米　三千六百六拾四石四斗三升三合八勺

士族戸數　九拾二軒　同人口　三百四拾八人 男百五拾九人 女百八拾九人

卒族戸數　四拾壹軒　同人口　百五十五人 男九拾八人 女五拾七人

兵士　百二十二員　兵卒　七拾五人

戸數　貳千貳百九拾六軒

人口　九千六百四拾壹人 男四千九百九拾七人 女四千六百四拾四人

神社　拾壹社　寺　貳拾五ヶ寺　庵　壹ヶ所

穢多戸數　六拾五軒　同人口　三百六人 男七十三人 女二十二人

非人戸數　三軒　同人口　十五人 男八人 女七人

村數　貳拾四ヶ村

修驗　二十戸　人口四十五人 男二十五人 女二十人

兵隊　二小隊　人員九十七人

○蓮池藩

草高　五萬九千六百五拾九石七斗八升四合八勺七扎五

租額　貳萬三千八百六拾三石九斗壹升三合九勺五扎

本高　五萬貳千六百貳拾五石

租額　貳萬千五拾石幷畧米口米千五百貳拾三石七斗七升貳合三勺五扎

改出幷新開　高米　三千貳百貳拾五石三斗貳升二合七勺五扎

租額　千二百九拾石壹斗四升壹合六勺

雜稅米七拾四石貳斗（金三百七拾壹兩代米三斗ニ付金壹兩二分替）

現取米貳萬三千三百三十五石貳斗六升壹勺（五ヶ年平均）

戸數　六千貳百三拾貳戸

人口　三萬千三百四拾九人（男一萬五千八百一人　女一萬五千五百四十八人）

内士族　三百五十四軒

同人口　千七百七十八人（男八百六拾五人　女九百五人）

内
卒族　六百七拾九軒
同人口　三千五百六拾二人　男千八百十人　女千七百五十二人
神社　二百九十三社　内　社人戸數十七戸　男三十八人　女五十二人
寺　五拾四ヶ寺　男百五十一人　女六十八人
穢多戸數十一戸　人口八十四人　男四十人　女四十四人

○花房藩

草高　四萬三千七百四拾三石三斗九升七合六勺六才
現米　壹萬四千五百七拾壹石五斗五升四合　甲子ヨリ戊辰迄五ヶ年平均
外
現米　貳百貳拾六石五斗七升六合六勺六才　見取船役林堤數山札上納札下草野米水主役山畑年貢廣野米内山草札
合　壹萬四千七百九拾八石壹斗三升六勺六才
雜税　永八百七拾五文五分　諸運上水主役
金八兩三分　水主役
錢六百五拾九貫四百九拾二文　見取諸運上船役夫錢

錢八拾五貫二百四拾五文六分　鹽濱年貢

戸數　壹萬二千六十三戸

人口　六萬千四百十人 男三萬二千四百二十六人 女三萬二千七十八人（改正男女減數未詳）

（内）士族　千二百八拾八人 男六百二十八人 女六百六十人　士族戸數三百拾二戸

卒　七百人 男三百五十二人 女三百四十八人　卒族戸數百七拾七戸

穢多　百三拾七人 男七拾四人 女六拾三人　穢多戸數拾九戸

非人　百拾壹人 男六拾四人 女四拾七人　非人戸數二拾戸

神社　五百六拾四社　社務人戸數六拾八戸

人口　三百三十四人 男百五十五人 女百七十九人

寺院　二百八拾壹ヶ寺　堂九ヶ所　人口三百十九人 男三百六人 女十二人 尼一人

（内）修驗　五戸　人口十八人 男十人 女八人

（内）陰陽師　十六戸　人口七十七人 男三十六人 女四十一人

○八戸藩

草高　四萬七拾四石
　本高　二萬石
　込高二萬七十四石
　正租米　六千三十一石二斗七升七合
　　甲子ヨリ戊辰迄五ヶ年平均
　　錢　九萬千六百四十二貫三百八十八文
　　十貫文ニ付金一兩替
　　米一石ニ付金八兩之定
　雜税金　壹萬二千六百六十　兩二分一朱
　　此米千五百八十二石八斗二升三勺壹才
　　錢　三萬三千二百六十一貫百八十一文
　　此米四百十五石七斗六升五合
戸數　壹萬三千三百八十六軒
人口　六萬七千六百四十七人
　男三萬五千三百五十二人
　女三萬二千二百九十五人

内
士族戸數　三百七十軒　同人口　二千九百二十七人 男千三百九十五人 女千五百三十二人
卒族戸數　二百軒　同人口　千四十一人 男五百三十三人 女五百八人
穢多人口　五十四人 男二十七人 女二十七人
神社　百三十社
寺　五拾三ヶ寺　宿寺　三ヶ所　庵　拾九ヶ所
村數　八拾三ヶ所
兵隊一大隊　四百六十二人　大砲隊　八十五人

○伯太藩

草高　壹萬四千貳百七十三石三升四合壹勺
本高　壹萬三千五百廿石
込高新田　五年平均
正税米　五千九百九十五石三斗二合三勺
雜税米　七拾二石五斗五升三合壹勺

同　金　四十三兩壹分三朱永五十三文壹分八厘
（此米五石四斗三升六合三勺）
（合現石六千七十三石二斗九升一合七勺）
戶數　二千百九戶
人口　壹萬四百三十九人 男五千六十八人 女五千七十七人
内 穢多戶數　七拾一戶　穢多人口　二百九十四人 男百四十七人 女百四十七人
士卒族戶數　百四十九戶 士族八十六戶 卒六十三戶
人口　六百拾五人 男三百十五人 女二百九十八人（士族男百七十三人、女百九十四人 卒男百四人、女百三人）
神社　八十二社 社人人口二十二人（社人戶數八戶、男十四人女八人）
寺　七十六寺　人口百三十一人
村數　七十五村

○林田藩

草高　壹萬四千八百八十九石六斗七升一合九勺

本高　一萬石
込高　二千壹石三斗三升九合
新田高　二千八百八十八石三斗三升二合九勺
正租米　六千四百貳十石零九斗四升一合四勺三才五ヶ年平均
雜稅金　拾六兩一歩三朱永五十四文八分余
此米二石零六升一合五勺四才
合六千四百二十三石零々二合九勺六才
戶數　二千九百十二戶　人口　一萬千七百九拾五人
内士族戶數　百二十八戶
内人口　四百九十七人男二百四十二人女二百五十五人
内卒族戶數　百三十戶
内人口　四百五十五人男二百三十五人女二百二十人
内穢多戶數　百四十五戶　内人口　六百四十五人男三百二十六人女三百十九人

（内）神社　社務人戸數三戸　人口十二人　男三人　女九人
（内）寺　十三寺　人口六十八人　男三十九人　女二十九人

○半原藩

草高　二萬二千二百二十八石一斗三升七合
込高　八百三十七石二斗三升
新田高　千百三十八石八斗七合
正税米　五千八百二十九石三斗八升二合三勺三才
雜稅　永八百九十二貫三百六文七厘五毛
戸數　三千二十九戸　平民
人口　壹萬三千八百二十四人　男七千人　女六千八百二十四人
社　四十四社　社務百一人　男五十一人　女五十人
寺　七十三寺　僧百二十二人　男百一人　女廿一人
村數　五十三村
（外ニ）士族人口　六百五十七人　男三百四十三人　女三百十四人　士族戸數　百六十二戸

卒　百六十八人内小者七十四人卒女五十五人　卒　六十二戸
非人人口　六人男二人女四人　同戸數　一戸
穢多人口　二百四拾二人男百十六人女百二十六人　穢多戸數　四十一戸
（總戸數三千四百十戸　人口一萬五千百二十二人）
兵隊　一聯隊但一小隊四十七人　砲手　十六人　皷手吹角手　四人

○西尾藩

草高　六萬三千貳百五石六斗三升壹合五勺四才
五ヶ年平均
正租米貳萬九拾三石八升貳合六勺
永三百貳十壹貫七百九文三分壹厘
雜稅米三千五百七拾五石四斗六升四合八勺
金百五兩銀七百七拾貳匁四分壹厘壹毛
永貳百四拾七貫貳百八十壹文九分二厘四毛
錢千貳百七拾貫貳百五十九文八分

鐚七貫四百五文八分
現合米貳萬三千六百六十八石八斗四升七合四勺
金八百拾九兩三歩貳朱永四十九文五厘三毛
戸數壹萬貳千八拾三戸
人口五萬貳千七拾八人内男貳萬五千三百貳拾七人 女貳萬五千七百九十貳人
（午年調）
內譯
寺庵貳百三拾貳戸（寺庵二百三十四所）
（僧四百二人）
（女百四十一人）
（山伏三人）（巳年調）（人口五百七十八人）
（尼三十二人）
（道心三十人）
（山伏三戸三人）
（社家二十三）
（人口百二十二人）
穢多貳十八戸 人口百三人内男四拾七人 女五拾六人
目明非人貳十四戸 人口八拾三人内男四拾四人 女三十九人
社家貳十四戸（社人百四十七人内社務人貳十五人 男四十一人 女八十一人）

村數百六十八ヶ邨
外ニ
士卒戸數九百七拾三戸
人口三千貳百四拾五人内男千五百八十貳人
女千六百六十三人
（船艦不記　知事家族不記）
（士族三百十七戸　人口千五百七人内男七百三十七人
女七百五十八人）
（卒　六百四十三戸　人口千六百六十九人男八百四人
女八百六十五人）

○二本松藩

草高五萬石
定免　此現米壹萬千八百三拾九石貳斗三升八合壹勺
一　金三千九百四拾九兩壹分　半米
　錢貳拾八貫八百七十壹文壹リ　收納金
（従前半石米納米石ハ金十兩ニ付三十二石替ノ仕成）
一　金百五拾兩三分
　錢千百八十六貫七百九拾八文　諸税金

〔頭書〕租税帳辰年焼失ニ而五年平均ナリカタクシカシ非常ノ水旱等ノ節ハ格別定免ニ付五ヶ年平均セスモ大同小異ノヨシ

戸數六千九百拾七戸　人口三萬七千三百七人

内
士卒族戸數千四拾五戸　人口四千貳百九拾人内男貳千廿四人女貳千貳百六十六人

社家戸數十四戸　人口七拾人内男三十八人女三十貳人

寺　五拾七ヶ所　人口百三拾七人内男百貳拾人（僧）女拾七人

穢多戸數七戸　人口四拾九人内男貳十四人女二十五人

非人戸數七戸　人口三十六人内男十七人女十九人

神社拾貳社

村數三十七ヶ邨

（船艦不記　知事家族不記）

（士族四百八十九戸　人口二千五百二十七人内男千百四十六人女千三百八十一人）

（卒五百五十六　人口千七百六十三内男八百七十八女八百八十五）

○庭瀬藩

草高　貳萬五百七十三石七斗八升二合六勺五才

高　二萬石

正租米　一萬四百二十四石九斗四升二合四勺

雜税金　三百三十兩永三百五十五文三歩四厘　八兩立

合米　壹萬四百六拾六石二斗三升六合八勺一才

戸數　四千七百二十三戸

人口　二萬三百八十一人　男一萬五百九十六人　女九千七百八十五人

外ニ士族戸數　百六十二戸　卒族戸數　百六十八戸

士族人口　五百二人　男二百三十五人　女二百六十七人

卒族人口　四百十六人　男二百七十六人　女百七十人

穢多戸數　百六十三戸　人口　八百六十一人

非人戸數　十九戸　人口茶筅　八十一人（非人番四戸）

神社　五十八社（社人戸數十九戸　社人男十二人　女四十人）

寺院　五十九寺（僧六十二人　外ニ山伏五戸　五人）
兵隊　二小隊六十名一小隊

○新見藩

草高　壹萬八千百九十六石一斗四升二勺
込高新田　百九十六石一斗四升二勺五年平均
正租米　五千七百三十一石四斗九升九勺
金　二千二百四両二分一朱ト永三十二文五分
此米　四百四十石九斗一升九合石五両立
雑税米　二百九十六石七斗四升五合四勺
金　二百九十一両一分三朱ト永十九文四分
金　五拾八両但年々不同鑪鍛冶牛馬市等
士族戸數　百二十四戸　人口　五百九十二人男三百十二人女二百八十人
卒族戸數　二百十七戸　人口　六百十二人男三百三十人女二百八十二人

合 戸數三百四十一戸 人口千二百四人 男六百四十二人、女五百六十二人

戸數 三千七十一戸 人口 壹萬五千百二十六人 男七千九百四人 女七千二百二十二人

穢多戸數 百三十二戸 人口 五百九十四人 男三百三人 女二百九十一人

村 二十二村

神社 百八十一社 社人戸數四十一戸 人口二百三人 男九十二人、女百十一人

寺 六十三寺 僧七十一人 尼十八人

修驗戸數八戸 人口三十一人 男十八人 女十三人

○西大路藩

草高 壹萬七千四石五斗

込高 三十九石一斗七升二合五勺

正租 六千八百六十二石 五ヶ年平均

戸數 二千二百六十一戸 人口 九千百六人

内 士卒族 二百二十五戸（士族八十五戸 卒族百二十五戸）

人口　七百六十八人　男三百七十九人（内士族男百六十八人、女百八十四人）　女三百八十九人（卒男二百十一人、女二百五人）

穢多戸數　四十戸　人口　百七十一人　男八十三人　女八十九人

神社　五十六社　社人戸數十戸　人口男二十二人、女十九人

寺　五十寺　僧八十六人　女二十七人

村　二十九村

兵員　二小隊　但役員共　八十人

○新谷藩

草高　九千六百九十二石六斗七升五合七勺八才

高　一萬石

正税米　三千八百二十四石二斗二合八勺

五ケ年平均

諸雑税

明治二己巳ノ調

大豆　千貳百九十五石四斗一合八勺八才　米ニ直シ千三十六石三斗二升一合五勺　但シ八分掛

胡麻　三十四石六斗二升九合貳勺壹才　米ニ直シ二十七石七斗三合三勺七才

戸數　三千五百四十六戸

人口　一萬四千三百二十壹人　内　男七千三百四十九人　女六千九百七十二人

内　士族戸數　七十三戸　同人口　二百九十九人　内　男百四十人　女百五十九人

内　穢多戸數　百四十三戸　穢多人口　八百三十四人　男四百四十壹人　女三百九十三人

神社　四百二十五社

社人戸數　廿五　人口　百十二人　男五十四人　女五十八人

寺　二十九ヶ寺　庵十九　僧十五人

内　卒族戸數　百二十八戸　同人口　四百九人　男二百二十一人　女百八十八人

内　町郷戸數　三千二百二戸

同人口　一萬二千五百九十九人　内　男六千五百七十五人　女五千九百九十一人

修驗十一戸　人口二十五人　女無之

兵隊　二小隊　百人余　農兵隊　二小隊　同

○西端藩

草高　一萬四千八石七斗五升四合三勺三才

高　一萬五百石

込高新田改出高共　三千五百八石九斗九升九合四勺

正租米　二千九百十二石六升八合五才　五ヶ年平均

永　千三百八十五貫五百二十四文貳分八厘三毛

諸雜稅　米二百七十三石七斗五合八才

永　百六十貫七百三十七文一分一厘九毛

鐚　二貫八百四十二文

錢　五貫六百九十文

戶數　二千五百九十九戶

人口　一萬二千四百四十二人　内 男六千三百五十六人 女六千八十六人

内 非人戶數　五軒　非人人口　二十三人　男十一人 女十二人

外ニ士族卒族戸數　百三十三戸士八十三戸卒五十戸
士族卒族人口　三百六十二人男百八十七人女百七十五人
内士族　二百七十五人男百三十六人女百三十九人　卒族　八十七人男五十一人女三十六人
神社　二百二社
寺　九十六ケ寺
村數　四十一ケ村
神職　百一人男五十五人女四十六人
僧尼男女　百十一人男九十人女二十一人　戸數廿戸　修驗二人　戸數二戸
（合受領高五十石三斗
武州多摩郡横澤村　吉祥院二十石　同戸倉村　光嚴寺二十石
同網代村　妙臺寺五石　同大久野村　西福寺五石三斗

○西大平藩

草高　一萬四百拾六石一斗四升五合四勺
高

新田高　四百十四石五斗二升三合九勺
小物成高　七石六斗貳合
三河國管内豐川村
妙嚴寺元朱印地　貳十五石
同國除地高　貳十三石四斗二升九合壹勺
合
正租米　三千二百四十三石二升六合九勺五ヶ年平均
雜稅米　五石四斗五升
永　百八貫七百六十七文七分三厘
錢　七十九貫六百二十七文
此石　十四石五斗九升一合六勺四才
合米　三千貳百六十三石六升八合五勺四才
戸數　千七百九軒　人口　六千九百四十五人内男三千五百二十五人女三千四百二十人
外ニ
非人戸數　十二戸　非人人口　四十八人男十九人女二十一人

神社　二十八社　寺　五十一ヶ寺
外ニ士族戸數　六十一戸　士族人口　二百三十七人（男百十七人 女百二十人）
卒族戸數　十戸　卒族人口　四十人（男十八人 女二十二人）
村數　二十八ヶ村　穢多無之
社務　二十一人（男十三人 女八人）　僧侶　二百四十六人（男百三十一人 女百十五人）
受領高四十五石　妙嚴寺
　正租米三石九升九合一勺七才
　　金二十一兩二歩三朱永五十文四分一厘七毛
受領二十石　三明寺
　正租米七石三斗二升四合

○本庄藩

草高　貳萬七千貳百貳十三石六升壹合（内七千百六十四石二斗五升五合新田畑）
　甲子ヨリ戊辰マテ五ヶ年平均

正租米壹萬貳千三百四拾五石七斗貳升八合

雜税米五百八拾壹石壹斗三升五合

永貳千七百五拾貫七文六分壹厘

此米三百四拾三石七斗五升壹合

現合壹萬三千貳百七拾石六斗壹升四合

戸數　五千四百拾八戸　人口　貳萬六千貳百四拾壹人

内 士卒族戸數六百五十六戸　人口貳千六百六十七人 内 男千貳百八拾九人 女千三百七十八人

〔以下二行頭書〕

（士族三百四十二戸　卒三百十四戸）

（士族人口千四百二人 内 男六百六十六人 女七百三十六人　卒千二百六十五人 内 男六百二十三人 女六百四十二人）

社家戸數六十六戸　人口三百三十五人 内 男貳百十八人 女百十七人

寺四十四ヶ所　人口貳百三拾九人内 内 男百九十八人 女四十壹人

穢多戸數拾九戸　人口八十九人 内 男四十六人 女四十三人

村數　五拾ヶ邨　（但シ本村新田幷小村總合百十五ヶ村）

神社　九拾壹社

（知事家族不記　船艦不所持）

銃士　百九十七人　兵卒　二百三十五人

○堀江藩

草高壹萬六石

内

（新田改出共　現高五千四百八十四石七斗八合三勺八才）

（村々見込追々開墾地高四千五百二十一石二斗一升一合六勺二才）

正租米千七百九拾貳石貳升三合貳勺九才　甲子ヨリ戊辰年五ヶ年平均

延米三百八拾八石壹斗八升三合九才

永七百拾八貫三百貳文七分四厘（麥賣出シ代）

此米八拾九石七斗八升七合八勺四才　即麥賣出シ永八兩立

雜税金拾貳兩貳分壹朱永百四拾九文壹分六厘　此米壹石六斗貳升貳勺七五

合現米貳千貳百七拾壹石六斗壹升四合四勺貳才七五

外ニ高拾五石　社寺領

内　拾石五石　呉松郡鹿島明神　此正租納米七石六斗三升六合二才
　　　　　　　堀江村宿蘆寺　此正租納米三石四斗四升貳合

戸數千六百五戸　人口七千六百七拾人

内
士卒族戸數七拾七戸　人口貳百九拾人内男百八十五人女百五人

寺三十ケ寺　人口五十七人内男五十五人女貳人

（士族七十戸　人口二百三人男百五人女九十八人）

（卒七戸　人口男八十人女七人　或ハ八人ノ誤リ乎但シ原書ノマヽナリ）

村數　十八ケ郡

神社　四社（恐クハ社家ナラン）社人男拾貳人女七人

（修驗三軒男七人女九人　社數不分明）

（知事家族五人男二人女三人）　（船艦不記）

藩制一覧表第二

○徳島藩

草高四十四萬貳千七百三拾五石程
此租税　現米貳十壹萬八千四百八拾壹石程
内
四萬千六百七十五石甲子ヨリ戊辰マテ五ケ年平均免
右平均中寅年格別ノ免コモル但大水ニ付即今収納左ニ
貳萬六千三十四石程
差引　貳拾萬貳千八百四拾石程
諸税諸産物金貳萬八千百五拾八兩程
此米　三千五百十九石七斗貳升五合程八兩立

合米貳十萬六千三百五十九石七斗貳升五合程
戸數十四萬七千五百十戸
人口七拾壹萬四千貳十貳人内男三十六萬三千七百七十六人
女三十五萬二百四十六人
内譯
士卒族戸數六千四百三十貳戸
人口三萬六百四十五人内男壹萬五千貳百貳十四人
女壹萬五千四百貳十壹人
（士戸數貳千百戸　人口男五千二十九口
女五千四百十四口）
（卒戸數四千三百三十二　人口男壹萬百九十五口
女壹萬七口）
社家三百五十九戸　人口千七百八十七人内男九百五十七人
女八百三拾人
寺　千九十四寺　人口貳千三十五人内僧千六百八十九人
尼三百四十六人
村數　神社シレス　艦壹艘戊辰丸
（知事家族不記）

○鳥取藩（元高三十貳萬石）

草高四拾貳萬八千百六拾九石七斗貳合　新田改出高共但込高ナシ

内三萬石　池田従五位徳澄分知

貳萬石　同　徳定同

四千五百石　同　徳潤同

（但シ飛領）

右三口倉米ハタシニ而別ニ租税録ナシ

（永荒一萬四千七百十石二斗五升五合）

甲子ヨリ戊辰マテ五ヶ年平均

正租米拾五萬六千貳百八拾四石五升貳合

定免米拾六萬四千七百貳十石九斗四升四合

雑税米五百貳拾三石七斗六合

銀五百拾六貫六百五十七匁九分七厘

（内 米四百八十一石二斗六升六合 銀百十二貫九百四十五匁七分二厘）

外受領高三千石　伯耆國汗入日野兩郡ノ内　大山領

外新田五百十六石八斗九升三合　但込高ナシ

甲子戊辰ノ中五ケ年平均

正租米千貳百廿石五斗四升五合

定免米千三百拾貳石貳升五合

雜稅米三石五斗

　錢八拾壹貫文

戸數七萬九千八百八十壹戸　但因伯兩國

人口三拾七萬千六百四拾人　内　男十九萬千九百十三人　女拾八萬五百四十七人

內譯

士族戸數千七百拾戸

人口八千六百五人　内　男四千貳百人　女四千四百五人

卒族戸數七千四百五十六戸

人口貳萬四千貳百五人　内　男壹萬貳千百五十人　女貳萬貳千五十五人

社家戸數七百五十戸
人口千七百五十貳人内男八百五十三人女八百九十九人
寺院五百三十六ヶ所
人口貳千拾三人内男千七百五十四人(内千三百十三人僧)女貳百五十九人(内寺持尼四人尼九十八人)
穢多戸數千貳百六拾壹戸
人口三千七百八拾三人内男千九百八十人女千八百三人
非人戸數貳百七拾貳戸
人口八百十六人内男四百六十六人女三百五十人
(修驗百六十六軒　人口七百四十九人内男四百二十七人女三百二十二人)
(陰陽師六軒　人口二十二人内男十四人女八人)
(虚無僧三十一戸　人口九十七人内男五十二人女四十五人)
神社千五百十八社
村數　シレス

外ニ大山領戸數四百七十五戸

人口千四百廿五人 内 男七百廿五人 女七百人

（船艦 不記）（知事家族 不記）

兵隊 十大隊三千七百三十四人 砲隊 二百四十人

○豊津藩

支配地高
一拾壹萬八千十八石八斗三合

企救郡代御藏米
一三萬千九百八十壹石貳斗

御賞典米
一五千石

〆拾五萬五千石三合

改出新田高
五萬七千五百九十八石五斗四升九合

合貳十壹萬貳千五百九十八石五斗五升貳合

內壹萬石 千束藩支配 但別帳ニアリ

三萬六千九百八十壹石貳斗 御藏米

御藏米本文ト差引ト照會スレハ五千石ノ違ヒ

アリイカハ後チニ見ヘタルト較フレハ恐ラク五千ハ千ノ誤リカ

殘拾六萬五千六百拾七石三斗五升貳合
正租七萬三千三拾石六斗八合壹勺五ヶ年平均
壹萬千百九拾三石四斗貳升
但御藏米高三萬千九百八十一石貳斗免三ッ五ト
雜稅米六千三百拾七石八斗八升四勺
錢壹萬五千六百拾三貫七百六文
現合米九萬五百四拾壹石九斗八合五勺
錢壹萬五千六百拾三貫七百六文
一高五千石　但シ御賞典歩合被仰出候上本文入候心得
(以下六行朱書)
(〇辛未十月廿四日ノ調査ニヨルト)
現米八萬九千四百二十石四斗四升七合四
此内千二百五十石御賞典　但高五千石ニッ五分
七萬六千九百七十七石貳升七合四勺　正雜

壹萬千百九十三石四斗四升　企救郡ノ藏米

此高三萬千九百八十壹石貳斗三ッ五分

戸數貳萬貳千八拾壹戸

人口十壹萬七千八百三十五人内男五萬八千八百六十三人　女五萬八千九百七十二人

内

士卒族戸數　但シ農家ヘ寓居ニ而戸數ナシ

人口壹萬六千貳百三拾三人内男七千貳百四十九人　女八千九百八十四人

（士族人口六千二百五十三人内男二千七百九十三人　女三千四百六十人）

（卒　人口九千九百八十人内男四千四百五十六人　女五千五百二十四人）

社家戸數百五拾貳戸　人口七百三十三人内男三百四十人　女三百九十三人

寺　三百拾貳戸　人口千四拾貳人内男六百三十二人　女四百拾人

穢多戸數千三百四拾壹戸

人口六千三百五十六人内男三千貳百十人　女三千百四十六人

非人戸數貳十戸　人口八拾貳人内男四十貳人　女四十人

神社貳千貳百貳十七社（内本社二百四十八攝社百六十三末千八百十六社）

郡數五郡　村數不分明

（船艦不記）

（知事家族五人知事母姉妹従弟）

兵隊　凡二千七百人餘

○富山藩

草高拾四萬五千六百三拾七石八斗壹合（水損地ヲ引去現高也）

五ヶ年平均

正租米六萬四千六百拾六石貳斗五升

錢貳萬四百九拾四貫九百七拾貳文

婦負郡ノ内錢納草高壹萬四十石貳斗四升貳合ノ内水損變地高百四拾五石壹斗貳升壹合引去高（現高九千八百九十五石一斗一升九合）

（婦負郡一圓三百六十八ヶ村新川郡ノ内百十九ヶ郷草物十四萬九千貳百五十七石六斗貳升九合ノ内水損變地高三千六百廿石五斗四升八合引去本文ノ高也）

雜税金壹萬五千百七拾壹兩貳歩

錢壹萬貳千五百三貫九百廿文

合現米六萬四千六百拾六石貳斗五升

金壹萬五千百七拾壹兩貳歩

錢三萬貳千九百九拾八貫八百九拾貳文

戸數三萬九百六十六戸

人口拾三萬三千四百拾五人内（男六萬七千八百貳十壹人 女六萬五千三百十七人）

内譯

士卒族戸數三千五百貳十壹戸

人口壹萬六千七百七拾貳人内（男八千六百四人 女八千百六十八人）

（士族戸數千二百五十九戸

人口七千二百五拾七人内（男三千二百二十八人 女三千五百二十九人））

（卒 二千二百六十二戸

人口九千五百十五人内（男四千八百七十六人 女四千六百三十九人））

社家戸數貳十六戸

人口百八拾壹人内男百廿七人（内五人下男）女五十四人（内十人下女）

寺

四百九ヶ所（内二百八十九軒本寺 百二十一ヶ寺塔頭）

人口千六百六拾五人内男千五十五人 女六百十人（内僧千十五人 尼七十六人）

穢多戸數三百壹戸　人口千四百三十四人内男六百九十八人 女七百三十六人

神社千七十社　村數四百八十七ヶ邨

（船艦ナシ）　（知事家族不記）

○豐浦藩（本高五萬石）

草高拾貳萬四千六拾三石餘　但シ新田打出シ共

内高貳萬三千九百壹石餘 豐浦郡ノ内 清末ヘ配分

殘十萬九百七拾貳石餘

甲子ヨリ戊辰マテ五ケ年平均

正租米三萬千五百四拾貳石餘

錢九千八百七拾五貫文餘

雜稅米七千貳百八拾五石餘

錢八萬千八百三十貫文餘

合現三萬九千九百七拾貳石餘　但石八兩立

（但錢ヲ米ニ直シテ合シタルモノト見ヘル）

戶數壹萬七千百貳十六戶

人口七萬六千九十六人　内男三萬八千六百十七人　女三萬七千四百七十八人

内譯

士卒族戶數千九百三十一戶

人口八千六百六拾五人　内男四千三百六十三人　女四千三百貳人

（士族四百二十六戶

人口二千百二十一人　内男千七十一人　女千五十人）

（准士三百一戶

人口千四百五十六人　内男七百二十六人　女七百三十人）

（卒七百七十九戸
人口三千六百一人内男千八百十六人
女千七百八十五人）
（陪卒四百二十五戸
人口四千四百八十七人内男七百五十人
女七百三十七人）
社家戸數百六戸　人口四百六十四人内男貳百三十三人
女貳百三十一人
寺　三百七拾三ヶ所（一ニハ寺院百六十四ヶ寺内僧六百八十人尼百四人
人口千三十七人女二百五十三人）
人口八百四人内僧七百人
尼百四人
穢多戸數九拾八戸　人口五百九人内男貳百五十貳人
女貳百五十七人
非人戸數九拾壹戸　人口四百六拾壹人内男貳百十八人
女貳百四十三人
社數　三百七拾三社
村數　シレス
（運輸船一艘但シ英國形）
（知事家族三人男一人
女二人）

○豊橋藩

草高八萬九千九百七十八石八斗七升九合九才 五ヶ年平均

五ヶ年平均

（以下四行朱書）（甲子ヨリ戊辰マテ五ヶ年ノ平均辰年不作）

・（米二萬二千八百三十八石七斗八升一合金四百七十一兩永二百八十三文八分九厘九毛此米五十八石九斗一升錢六十二貫三百八十文此米七斗八升雜税米三千百四十三石壹斗三合金千百九十八兩二朱永七百七十一文九分六厘四毛此米百四十九石八斗五升六合ト錢三百五十六貫七百五十五文此米四石四斗五升九合石灰十九石二斗此代永五貫六百二十二文二分五厘五毛此米七斗三合麥五石八斗五升九合此米壹石九斗五升壹合現石合米二萬六千百九十八石五斗四升三合）

正租米貳萬五千三百三石四升七合五勺三才 是ハ平年平均

雜税米三俵此米壹石貳斗

麥五石八斗五升九合

此米壹石九斗五升一合四才

金千三百七拾八兩三分貳朱錢六百四十文

此米貳百貳拾石六斗三升貳勺六才

石灰十九石貳斗

此米壹石九斗貳升

五ケ年平均ノ高唯疑不熟年ノ多

合現米貳萬五千五百貳拾八石七斗四升八合八三

（社寺朱黑印地高九百九十五石三斗）

戸數壹萬七千五百拾七戸

人口七萬六千貳百廿八人 内 男三萬八千四百三十壹人 女三萬七千六百九十七人

内譯

士卒族戸數千六十壹戸

人口三千貳百四拾貳人 内 男千四百八十四人 女千七百五十八人

（士族戸數五百九十五戸

人口貳千百貳拾人 内 男九百四拾三人 女千百七十七人）

（卒四百六十六戸

人口千百二十二人 内 男五百四十一人 女五百八十一人）

社家百十戸　人口五百拾貳人内男貳百五十人 女貳百六十二人
寺院三百八十ヶ寺　修驗　貳拾貳ヶ所
堂守　六ヶ所　陰陽師　貳戸
人口九百四人内男七百九十人 女百十四人
（但原書八百八十四人トス今ハ内譯ニ依テ之ヲ書ス）
穢多 番太 戸數貳百七十戸　人口千百貳拾九人内男六百十壹人 女五百拾八人
村數貳百六十ヶ邨
社數　シレス
（知事家族四人男二人 女二人）
（船艦不記）

○徳山藩（本高四萬十石）

草高六萬九千五十四石餘　新田打出シ共
甲子ヨリ戊辰迄五ヶ年平均

正租米壹萬七千八百七拾石餘
銀百廿九貫八百目餘
諸稅米貳千八百五石餘
金五百九兩三分三朱
銀百九十四貫貳百目餘
（半紙　千丸
煎海鼠貳千五百斤位）年々不同
戸數壹萬貳千三百三拾七戸
人口五萬四千四百七拾壹人内男貳萬八千百七十三人女貳萬六千貳百九十八人
内譯　士卒族戸數九百七拾五戸
人口四千百五拾人内男貳千百六十九人女千九百八十壹人
（士族戸數四百四十六戸
人口貳千三人内男千三十人女九百七十三人）

（卒五百二十九戸
人口二千百四十七人内男千百三十九人女千八人）
社家戸數三拾壹戸　人口百五十人内男七拾貳人女七拾八人
寺院　九拾貳戸　（三百四十六人原書、今ハ内譯ニヨル）人口三百三十八人内男貳百六十壹人女七十七人
神社數六百七拾五社
（船艦ナシ）
（知事家族不記）

○鳥羽藩（本高三萬石）

草高三萬千八百拾參石七斗九合　新田高改出共
正租米壹萬九百九拾貳石三斗壹升八合
金壹萬三百四十壹兩壹歩
永貳百三拾貳文
雜稅米千九百九十七石三斗七合

金四千貳十八兩三分
永　百九十壹文
錢四十貫四十壹文
金六百六拾貳兩壹分永百廿三文鮭鰡漁其外諸運上但年々不同
合米壹萬貳千九百八十九石六斗貳升五合
金壹萬五千三十貳兩三分
永　四十六文
錢　四十貫四十壹文
戶數壹萬百六十壹戶　長屋百五十竈
人口五萬三千五百貳十壹人内男貳萬六千貳百十六人
女貳萬七千三百五人
内譯
士族戶數貳百四十九戶
人口千百九十壹人男六百貳人
女五百八十九人

卒族長屋百五拾竈

人口五百四十貳人男三百拾人　女貳百三拾貳人

社家戸數四十三戸

人口貳百八十五人男百四十人　女百四十五人

寺　百五十五ヶ寺

人口貳百廿八人男貳百六人（皆僧）　女廿貳人

穢多戸數五十戸

人口貳百八十九人内男百五十六人　女百三十三人

非人戸數十戸

人口九十四人内男五十三人　女四十壹人

村數但鳥羽町入レ　七十三ヶ邨　郡數　五郡

社家　貳百五十三ヶ社

運用船壹艘異國形帆前　但貳百石積

（知事家族六人男二人女四人）

○豐岡藩（本高壹萬五千石）

草高壹萬五千八百六石三斗三合八勺五札込高新田高改出高共

五ヶ年平均

正租米五千七百八拾五石六斗四升壹合六勺五才

雜税米貳百貳拾石六升七合

錢貳千六拾三貫九百廿七文

（◎以下七行朱書）

（正租米五千百三十五石八斗壹升六合貳勺

雜税米貳百拾九石九斗八升七合壹勺壹札

同錢貳千六拾壹貫貳百十九文

此米貳拾五石七斗六升五合貳勺三札

是ハ甲子ヨリ戊辰マテ五ヶ年平均然ルニ右平均中丙寅年ハ非常ノ

凶作ニ而此凶年ヲ除キ癸亥ヨリ數ヘ戊辰マテ平常ノ平均額本文ノ

通リ）

（但シ巳年ノ調）

戸數三千八百九戸（午年ノ調ハ惣戸數三千八百七十三戸 惣人口一萬九千三十三人）

（右ニ同）

人口壹萬八千七百貳十五人内男九千四百十五人 女九千三百十人

内譯

士族戸數八十三戸

人口四百三十壹人内男貳百十壹人 女貳百貳十人

卒族戸數六拾貳戸

人口三百六十貳人内男貳百十七人 女百四十五人

社家戸數シレス

人口五十人内男二十八人 女二十二人

寺　四十貳ケ所

人口百廿九人内男百七人 女貳十貳人

外尼僧八人

穢多戸數シレス
人口貳百十四人内男九十六人女百十八人
非人戸數シレス
人口百四拾五人内男六十壹人女八十壹人
村數六十八ヶ郡　神社貳百三十六社
（知事家族三人男一人女二人）

○斗南藩未記

○千東藩

草高　壹萬百七拾二石二斗壹升貳合六勺
高　壹萬石
新地高百七拾二石貳斗壹升二合六勺元治甲子ヨリ明治戊辰迄五ヶ年平均
物成　五千四百拾三石七升六合但定免

同　四千四百三拾壹石八斗二升四合一勺

雜稅　四千八百石三斗九升三合二勺壹才拾三兩ト永四拾八文壹歩三厘

戸數　千三百八拾軒

人口　五千七百八十七人　男二千八百三十八人　女二千九百四十九人

内 士族卒戸數　三百拾七軒程

士族人口　四百四拾六人　男二百十三人　女二百三十三人

卒族人口　四百八十三人　男二百四十四人　女二百三十九人

小屋　三軒

非人　男女十二人

神社　二十七社　戸數神主二戸　同人口男五人　女四人

寺　五ヶ寺　人口　男十三人　女十七人

村數

兵隊　一小隊六十人

○龍崎藩 大綱

草高　壹萬貳千四百貳拾五石五斗三升八合三勺八才

正租　米二千六百八十六石七升二合二勺八才

金五百八拾七兩三朱ト錢三百五拾九文

雜税　米五百四拾五石七斗六升四合八勺

金百八拾壹兩貳分貳朱ト錢百拾文

合　米三千貳百三拾壹石八斗三升七合八才

金七百六拾八兩三分壹朱ト錢四百六拾九文

戸數　千六百六拾九軒

人口　九千百六拾七人 男四千六百八十八人 女四千四百七拾九人

外 士族戸數　六拾壹軒

同　人口　貳百三十七人 男百十四人 女百二十三人

外卒族戸數　貳拾六軒
同　人口　七拾六人　男三十九人　女三十七人
番非人戸數　十七軒
同　人口　三十六人　男二十三人　女十三人
神社　九十三社　神主戸數十七軒　同人口七十三人　男三十八人、女三十五人
寺院　四十ヶ寺　人口　五十七人　男四十九人　女八人
村數　四十五ヶ村

○沼田藩

草高　四萬四千百五十四石二斗壹升貳合七勺九才
　高　三萬五千石
　込高　九千百五拾四石二斗壹升二合七勺九才
正租米　壹萬二千八百九十九石九斗七升八合八勺
畑方正租　金貳千四百九拾兩永五文八分

此米四百十七石三斗四升五合五才
甲子ヨリ戊辰マテ五ケ年平均
代金五兩三分永二百十六文三分

雜稅米　千七百三拾壹石八斗四升六合八勺

金五百二兩一分永百六拾七文三分八厘

此米六拾二石八斗二合壹勺七才（但石八兩立）

合　米壹萬五千百拾壹石九斗七升二合八勺二才　成物高

戸數　九千八百四軒

人口　四萬二千四百九十九人（男二萬二千七人　女二萬四百九十二人）

内
士族戸數　二百八拾軒

同　人口　千百六拾七人（男五百六拾三人　女六百四人）

卒族戸數　二百二十九軒

同　人口　五百九拾八人（男三百十二人　女二百八十六人）

神　社　五百拾社（社人戸數二十一軒　同人口男四十八人、女三十四人）

寺　　　四拾壹寺　人口四十二人男三十人女十二人
村　數百二十三ヶ村
穢多戸數　二百拾五軒
同　人口　千拾二人男五百三拾二人女四百八十人
非人戸數　拾三軒
同　人口　五拾八人男三拾三人女二十五人
穢多寺院　二ヶ寺

○岡山藩

草高　四拾五萬四千百十七石一斗九斗九升九合六勺内一萬五千石生坂藩ヘ分割之草高引
高　三十一萬石五千二百石三升
新田改出高　十三萬八千九百十七石一斗六升九合六勺
正税米　十八萬六千九百十一石三斗五合四勺五ヶ年平均
雑税米　千三百八十七石四斗八升六合八兩立

合　十八萬八千二百九十八石七斗九升一合四勺

内
五千五十二石一斗九升六合一勺

右生坂藩ヘ分割之現石

外ニ
水旱減石七百二十三石五斗五升四合九勺

合五千七百七十五石七斗五升一合

右生坂藩ヘ分割之正租税

殘而拾八萬三千二百四十六石餘

右改正藩高

士族戸數　二千七百拾一戸

同　人口　九千七百三拾八人　男五千三百四人　女四千四百三十四人

卒族戸數　三千二十六戸

同　人口　七千七百九十九人　男五千八百二十人　女千九百七十九人

庶人戸數　七萬七千四百八十九戸

同　人口　三十二萬八千三百四十一人内男十七萬二千四百七十五人女十五萬五千八百七十四人

社家戸數　六百四十二戸

同　人口　二千七百七十二人男千四百七十七人女千二百九十五人

寺　人口　七百九人男六百五十三人女五十六人

山伏戸數　百五戸

同　人口　三百二十三人男二百十一人女百十二人

穢多戸數　九百九十三戸　但シ說教隱亡共

同　人口　九千百二十八人男四千九百六十四人女四千百六十四人

總戸數　八萬五千四百三十一戸

總人口　三十五萬八千八百二十七人

神社　七百一社　寺　四百六十四ヶ寺

軍艦　壹艘御預河內艦

○大泉藩

草高

高　十二萬石

正租米　六萬八千十三石九斗九升八合五勺三才（五ヶ年平均）

諸雜税

米二千三百六十二石三斗一升三合五勺三才

金千百五拾一兩二分ト銀二匁七分六厘二毛六弗

錢二千五百六十四貫六百六十貳文

蠟九十五貫七百九十七匁壹分五厘五毛

漆二十五貫二百五十七匁六分五厘四毛

鹽三石六斗

鰯十萬枚

戸數　一萬四千七百四十四軒

人口　七萬九千九百三十四人（内 男四萬百二十二人 女三萬九千八百十二人）

外ニ
穢多非人戸數　四十八戸
同　人口　二百九十六人（男百四十四人 女百五十二人）
外ニ
士族戸數　九百三十戸
同　人口　五千三百九十二人（男二千七百六十四人 女二千六百二十八人）
卒族戸數　九百三十戸
同　人口　九千七百五人（男四千九百五十七人 女四千七百四十八人）
神社
内
寺　五百二十六ヶ寺　人口千六百四人（男千四百十六人 女五百五十八人）
社人　百二十八戸　人口六百七十三人（男三百廿四人 女三百四十九人）
修驗　百八十一戸　二百八十三人
神子　四戸　十六人
（受領高千七百五十二石八斗八升三合四勺三才
此現石千四百五十二石三斗一升一合一勺六才）

（社寺三十四ヶ所）

銃兵　三十五小隊　一隊四十人ヨリ六十人マテ

大砲隊　四隊

外ニ礮隊附属銃手　四隊一隊三十人

○小濱藩

草高　十萬六千五百九十九石三斗四升八合二勺　但シ本高新田改出共

高

正租米　十三萬百二俵三斗七升一合　但シ四斗入

諸産物及諸税

塗物　代金五百六十四兩

葛　目方九十貫目

蠟燭　目方一萬四千五百七十六貫二十四目

釘　八千七百五十箇

油　千二百三十九石九斗八升
魚漁　代金二萬五千四百六十九兩貳分二朱
銅　百七十三箇
石灰　三十三萬四千七百三十七俵
右無稅
生糸　目方千三百五貫四十六匁九分五厘
右稅救寅ヨリ相始候ニ付寅卯辰五ヶ年平均
金　三百七十兩三朱
永　四十九文七步三厘七毛
雜稅金　二萬六百九十六兩二分三朱永三十四文
敦賀道之口通荷運上
金　五千二百十兩永九十一文
戶數　二萬三千八百八十六戶

人口　十萬五千九百五十七人 内 男五萬二千七百十三人 女五萬三千二百四十四人

内 士族戸數　四百七十五戸

同　人口　四千二百三十七人 男二千四百二十六人 女千八百十一人

卒族戸數　二百四十九戸

同　人口　千九百七十五人 男千百七十八人 女七百九十七人

神社　四百八十四社

寺　六百三十四ヶ寺　人口 男六百八十一人 女二百七十二人　内尼十二人

社家　五十一戸　人口 男百三十五人 女百五十三人

修驗者　十七戸　人口 男三十一人 女二十八人

陸軍英式二大隊　砲隊 大砲八門

○大垣藩（本高十萬石）

草高　拾三萬千百六石四斗三升壹合五勺八 込高新田改出高

五ヶ年平均

正租米　五萬千六拾九石四斗五合壹勺
雜税米　三拾四石三斗五合五勺
　金　七千百六拾壹兩貳分貳朱銀壹匁貳分三厘
　　此米千百四十五石八斗六升三合壹勺
（◎以下六行原朱）
（正租米四萬九千三百九十二石七斗七升九合八勺
雜税米三十四石三斗五合五勺
　金　七千百六十一兩貳分
　銀　八匁七分三厘此米八百九十五石二斗五合七勺
是ハ寅辰兩年ハ非常ノ水害ニ而前額不足故ニ平常ノ平均本文ノ通リ）
外
受領高四百五石　ミノ不破郡宮代　南宮社
此租税米百四十九石九斗壹升七勺定免
家數貳百四十貳戸　内　社家三十八戸
人口九百七十九人内 男四百六十六人 女五百十三人

フハタルイ金蓮寺
受領高三十五石
此租税米十七石三斗七升四合五勺
戸數四十三戸　内寺壹ヶ所
人口百九十四人　内男百人 女九十人　僧四人

同イマス　妙應寺
受領高廿石
此租税米十九石壹斗
寺壹ヶ所　人口三十五人　内男三人 女三十貳人

厚見郡鏡島　乙津寺
受領高五十五石五斗
此租税米十九石七斗五升貳合四勺八才
家數十七戸　内寺壹ヶ所
人口八十七人　内男五十人 女三十三人　僧四人

同郡東島　阿願寺
受領高十石
此租税米三石壹斗

戸數四戸　内 寺壹軒

人口貳十壹人 内 男九人 女八人　僧四人

高五百貳十石八斗八升八合

方縣郡　則松邨

此租税米百三十五石壹斗六升七合

是ハ植村樑之助前田新八郎元知行所當分取締所被仰付候事

戸數壹萬八千三百廿戸

人口七萬八千六百六十七人 内 男四萬五百二十七人 女三萬八千三百五十人

内譯

士族戸數五百八拾九戸

人口三千百十五人 内 男千五百三十三人 女千五百八十二人

卒族戸數六百五十三戸

人口貳千六百四拾人 内 男千三百四十三人 女千二百九十七人

社家十四戸　人口八拾壹人 内 男三拾九人 女四拾貳人

寺　三百六所　人口千八百五人内男千八十人女七百廿五人

穢多　非人シレス

神社七百五十六社

村數シレス　郡數七郡

（船艦不所持）

（知事家族五人男二人女三人）

（歩兵　一大隊六百人一小隊六十人外ニ役員百五人夫方百五十人）

（砲兵　一砲隊百四十四人一分隊四十八人役員六十一人夫方九十人）

○岡　藩（本高七萬四百四十石壹斗七升）

草高九萬千八百四十四石六斗貳升三合七八込高新高共

甲子ヨリ戊辰マテ　五ヶ年平均

正租米五萬千貳百貳十壹石九斗六合

雜稅米千百八拾石七斗九升壹合

（◎以下七行原書朱書）

（合五萬貳千四百二石六斗九升七合

正租內譯

米三萬二千七百八十八石七斗三升五合

金納米四千九百五十石七斗四升七合

此金二萬八千八百一兩二分永二十四文

米一萬三千四百八十二石四斗二升四合

此大豆一萬八千八百七十五石三斗九升三合）

戶數壹萬七千六百五十七戶

人口七萬七千五百七拾四人 內
男三萬九千貳百四十四人
女三萬八千三百三十人

內譯

士族戶數三百五十四戶

人口貳千貳百九十五人 內
男千百六人
女千百八十九人

卒族戶數千貳百七十三戶

人口四千百四人内男貳千貳百六十九人
女千八百三十五人
社務戸數百四拾壹戸
人口六百拾七人内男三百二十八人
女三百八十九人
寺
七十壹所　人口五百四拾八人内男三百七十三人
女百七十五人
修驗戸數貳十壹戸　人口百九人内男四十七人
女六十二人
（座頭廿三人）
穢多戸數百拾六戸　人口六百四拾三人内男三百八人
女三百三十五人
非人戸數七戸　人口五十壹人内男廿九人
女廿貳人
社數貳千七百八十六社
村數不分明
（船艦ナシ）
（知事家族七人男四人
女三人）
兵隊二大隊但六小隊ヲ以爲大隊　大砲一隊

○忍　藩（本高十萬石）

草高拾四萬千七百五拾貳石四斗七升三合八七（込高新田改出高共）
甲子ヨリ戊辰マテ　五ヶ年平均
正租米三萬四千六百三十三石六斗七升壹合四勺
永壹萬貳千五百四拾壹貫七百六十八文九厘
此米千五百六拾七石七斗貳升壹合
雜稅米貳千五百拾四石五斗六升五合四勺
永三千九百六拾四貫四百十六文七分
此米四百九十五石五斗貳合壹勺
丁錢四百五拾四貫六拾七文
此米五石九斗壹升貳合三勺
（◎以下八行原書朱書）
（正租三萬九千百廿六石貳斗六升七合四勺
永壹萬千四百十一〆五百九十文二分九厘

雑税米貳千五百九十七石四斗九升三合四勺
永二千四百六十九貫九百八十九文八分八厘
金四百七十六兩貳分貳朱
銀七貫四百五十三匁六厘四毛
丁錢四百五十四貫六十七文
是ハ酉戌亥丑卯五ヶ年平均)
合現　三萬九千貳百拾七石四斗貳升貳合貳勺
(◎原書朱書)
(內譯合算スレハ現合三萬九千貳百十七石三斗七升二合弐勺ノ異同アリ
然レ共原本ノ儘記シヲク)
外受領高六百三拾五石七斗　五社廿八ヶ寺
正租米百拾貳石六斗五合四勺
金貳拾三兩壹朱
永三拾九貫貳百八拾七文八厘

錢貳百貳貫七百六拾貳文四分五厘
銀八百廿六匁貳分七厘

戸數貳萬四千六百五拾四戸
内
士族戸數四百五十八戸　卒族同　千百八十戸
社家同　六拾四戸　寺　四百三十ヶ寺
貳拾八ヶ寺受領之分　百九戸社寺領之分
修驗　十戸
穢多　四百五拾六戸　非人　五戸
人口拾壹萬三千七拾人内男五萬六千九百七人
女五萬六千百六十三人
士族貳千三百五拾壹人内男千百貳拾五人
女貳百廿六人
卒族三千百貳拾壹人内男千五百六十八人
女千五百五十三人
社家三百四拾壹人内男百七拾九人
女百六拾貳人

寺　七百貳拾三人内男五百四拾壹人女貳百十貳人　但受領ノ寺院區別ナラス
社寺領四百七拾三人内男貳百三十三人女貳百四十人
修驗人口　分ラス
穢多貳千七百貳拾三人内男千三百八十六人女千三百三十七人
非人四拾貳人内男貳十三人女拾九人
神社數　貳千八十三社
村數　分明ナラス
(船艦不記)
(知事家族　三人男二人女一人)
兵隊　十四小隊一小隊四十員

○大洲藩

草高六萬九百六石餘
内用高云田高　三萬六千四百七拾三石四斗

畑高　二萬四千四百三十二石六斗 免六ッ七厘六毛餘
實米　二萬五千八十七石一斗餘
豆　一萬千九百二十三石餘
胡麻　二百貳拾貳石一斗餘
雜稅金　百九十五兩壹分三朱餘
内 用高　九千二百六十八石九斗餘 新谷分
殘リ用高　五萬千六百三十七石一斗餘
内 田高三萬五百五十六石一斗餘 畑二萬千八十一石餘
實米豆　三萬千八百九十石五斗 米二萬千二百六十二石九斗 大豆一萬六百二十七石
胡麻　百八十七石四斗九升餘
雜稅金　百七十二兩三步三朱餘
士卒族戸數　千二百四十五戸
人口五千十八人 男二千五百四十一人 女二千四百七十一人

士族戶數　二百六十三戶

人口　千百三十人 男五百四十四人 女五百八十六人

卒族戶　三百五十二戶

人口　千三百六十八人 男六百七十五人 女六百九十三人

輕卒戶　六百三十戶

人口　二千五百二十人 男千三百二十二人 女千百九十八人

戶數　二萬二千七百七十一戶

人口　九萬三千六百三人 男四萬七千七百九十一人 女四萬五千八百十二人

外ニ穢多戶數　九百二十一戶

人口　四千七百五十一人 男二千四百三十四人 女二千三百十七人

神社　千三百四十二社 社人百十九戶 人口五百六十八人、男二百六十九人、女二百九十九人

寺　千四十五寺　僧三百五十一人內尼五人

兵隊　七百三十八人

○大村藩

草高　五萬四百五十四石六斗一升三合五勺六才（八千九百七十石九斗九升四合九勺四撮）
高　貳萬七千九百七拾三石八斗七升七合
込高新田改出　五千三百六十石六才（斗八升五合六才）
再改出　壹萬七千百二十石五升一合五勺（庚午士族引上地ヨリ改出）
正租　米二萬千三百九十二石六斗三升（八千五百十六石三斗八升七合三勺八才）五年平均
錢百五十七貫四十四文
煎海鼠　四百三十八貫八百二文
櫨實　千二百十二貫百八十三文
石炭　千貫文
茶　二千貫文
陶器　百貫文
炭　四百貫文

鹽	四百七十九貫四十文
椿	百七十一貫百五十文
士族戸數	千八百二十一戸
人口	九千三百七十一人（男四千五百三十五人 女四千八百三十六人）
兵卒戸數	二百二十二戸
人口	千五人（男五百十七人 女四百八十八人）
卒族戸數	六百七拾六戸
人口	二千九百三十七人（男千四百八十一人 女千四百五十六人）
社人	六十四戸
人口	二百八十九人（男百四十八人 女百四十一人）
僧人口	百九十二人（男百十七人 女七十五人）
穢多戸數	七十五戸
人口	四百九十五人（男二百五十人 女二百四十五人）

總戶數　二萬五千六百二十六戶

人口　十二萬五百三十九人（男六萬六百二十六人　女五萬九千九百十三人）

寺　三十五寺

○小城藩

草高　八萬二千百二十六石三斗二升

高

新田改出　米八千八百七十三石八斗二升

正租　現米二萬六千二百十三石二斗二升五合四勺四才

雜稅　銀十九貫四百三十五錢四分（兩ニ付六拾錢替）

代米四十石四斗九升四勺一才

合米　二萬六千二百（十三石二斗二升五合四勺四才）五十三石七斗一升五合八勺五才

戶數　六千九百七十七戶

外ニ士族戶數　三百三十四戶　副士　二百六十一戶

卒族戸數　千四戸

内 社家戸數　二十八戸

寺　百六十四戸　修驗山伏　七戸

非人戸數　二戸　穢多戸數　十九戸

人　口　三萬三千三百三十二人　男一萬七千五百五十六人　女一萬五千七百七十六人

外 士族　千六百三十二人　男八百三十人　女八百二人

副士人口　千四百九人　男七百二人　女七百七人

卒族　四千四百八十八人　男二千三百三十四人　女二千百五十四人

社家人口　百二十六人　男六十四人　女六十二人

寺　人　口　百七十三人　男三十一人　女四十二人

修驗人口　二十三人　男十一人　女十二人

穢多人口　九十七人　男五十七人　女四十人

非人人口　五人　男三人　女二人

神　社　未詳

帆前運輸船　一艘

兵　隊　八小隊　一小隊六十八人　役司六十九人　大砲隊一隊　兵員二十八人

○飫　肥　藩

草高　六萬五百九十五石四斗六合五勺

九千五百九石六合五勺　新田畠改出

現米二萬四千二百三十八石一斗六升二合六勺　正租

内

米壹萬千九百三十一石七斗三升二合七勺

米ニ直シ

七千四百五十三石九升四合　赤米八千百九十八石四斗三合四勺

但シ赤米ハ米ニ壹割減

米七百二十七石二斗九升六合六勺　麥九百六十石三升一合六勺

但シ麥ハ赤米ニ二割減ス

金　壹萬八千八百八十七兩三分二朱永七十六文

雜稅　現米四百八十四石七斗六升三合一勺
金六千九百七十兩
但松　杉　楠　樫　椎蕈　樟腦　砂糖　鰹節　紙等稅

戶數　九千九百四戶
内士族戶數　千十九戶　卒　千三百三十九戶
浮世人伊藤家舊臣無祿者　三千百十四戶　社人　七十七
山伏　百三十九　寺院　八十一寺
穢多鵙居來　六十一戶

人口　四萬八千二百八十五人男二萬四千九百五十七人女二萬三千三百二十八人
内士族人口　五千八百八十二人男二千八百九十五人女二千九百八十九人
卒　六千七百十六人男三千四百九十五人女三千二百二十一人
浮世人　壹萬二千八百九十二人男六千七百七十七人女六千百十五人
社人　四百五十一人男二百十二人女二百三十九人

山伏　六百五十一人 男三百三十五人 女三百十六人

寺院　二百七十三人 男二百一人 女七十二人

穢多鴟居來二百七十四人 男百三十七人 女百三十七人

歩兵　一大隊 兵員二百四十人

但一小隊四十人

礮兵三十六人

合三百四十七人 士官四十六人 兵士三百一人

○小田原藩

草高　七萬五千五百三拾貳石四斗三合壹勺四才 五ヶ年平均

高　七萬五千石

内高九千五百九石五斗七升九合

是ハ高帳未タ御渡不相成不足之分

差引殘高　六萬五千四百九拾石四斗貳升壹合

込高　壹萬四拾壹石九斗八升貳合壹勺四才

雜稅　米千六百拾四俵六升

金三千七百七拾九兩銀五分四毛

戸　數　壹萬七千三百九拾六軒

人　口　八萬四千貳百五拾七人内男四萬三千三百拾壹人 女四萬九百四拾六人

外ニ士族戸數　七百五拾四軒

同士族人口　貳千八百九拾壹人男千九百拾貳人 女千九百七十九人

同卒族戸數　四百六拾九軒

同卒族人口　千五百七人男七百七拾壹人 女七百三十六人

合戸數千貳百貳拾三軒 人口五千三百九拾八人

寺　四百三拾貳寺

僧　尼　千七百貳拾壹人人口中

神　社　不詳

革　作　百六拾軒　人口九百八人 男四百九拾八人 女四百拾人

非　人　四拾三軒　人口百四拾三人 男八拾三人 女六拾壹人

村　數　貳百三拾五ヶ村

修驗戸數　三拾七軒　人口貳拾三人

陰陽師戸數　八軒　人口七人

舞太夫戸數　二拾七軒　人口貳拾貳人

兵隊　一大隊 散兵二小隊　一大隊人員三百八十一人 二小隊九十四人

大砲　二門　二十五人

○岡崎藩

草高　六萬五百二拾壹石九斗壹升七合

内

四千九百八拾六石壹升三合七勺　諸引

殘　五萬五千五百三十五石九斗三合三勺

五ヶ年平均

現米　貳萬千三百二拾七石五斗六升七合六勺

此内譯

壹萬九千八百八十三石五斗七升九合六勺 但免三ッ五分八厘令三一

雜稅 千四百四十三石九斗八升八合

金百九十一兩三分壹朱ト永四十九文

戸數 壹萬三千二百八拾二軒

人員 五萬二千八百拾四人

内

華族 八人 男七人 女一人

士族 千五百四拾六人 男七百五十一人 女七百九十五人

卒 千五百九拾五人 男七百八十人 女八百十五人

平民 四萬八千三百五十二人 男二萬三千六百六拾人 女二萬四千六百九十二人

社務人 百九拾八人 男九十七人 女百一人

僧 八百七拾八人 男六百三十七人 女二百三十六人 尼 三人

穢多　九拾七人男四十四人 女五十三人
非人　百四十二人男七十七人 女六十五人

神社　十二社
外ニ
社領高　千二百八十一石九合七勺
現米　五百二石七升六合三勺九才
税米　五斗六升

寺領高　二千六百七十二石三斗八升九合一勺二才
現米　九百四十七石三升二合一勺一才
税米　七石二斗一升六合六勺
永　四貫二百五十文

○大野藩

草高　四萬石
外ニ
新田高千貳百四拾四石七斗壹升八合四勺

殘高　三萬九千三百貳拾石五斗七升七合

五ヶ年平均

正租　米三萬七拾五俵四升二合九勺

雜税　米三萬千五百五拾六俵三斗九合六勺

金百九兩一分永二百三十八文納

戸數　六千四百七拾六軒

内
士族二百七拾五軒　卒三百九拾八軒

五千八百三軒　内 社家七軒 寺六拾七ヶ寺

人員　三萬千三拾一人

内
士族　千三百四拾三人　男六百五拾七人 女六百八拾六人

卒　四百八十七人　男二百四十二人 女二百四十五人

社家戸數　七戸　人口　社人二十七人 女二十五人

寺　六拾七ヶ寺　人口　男百八十五人 女百五人

兵隊長半隊長以下四十八人　兵士百四十二人

兵卒五十人　農兵四十八人

○大多喜藩

草高　二萬七千二百八十一石九斗三升六合九勺五年平均

正租米　七千五百八十石一斗一升九合八才五撮

永　二千二十三貫三百六十三文

鐚　九貫九百六十九文

雜稅米　五石七斗七升一合

永　十七貫二百四十文

士族人口　六百九十八人男三百二十人　女三百七十一人

卒　百十三人民籍ニ編入

戶數　四千二百四戶

十六戶別ニ人口五十六人男三十二人　女二十四人

人口　二萬千四百八十一人　男一萬六百十人　女一萬八百七十一人

外ニ神社　十八社　社務戸數十九戸　人口　男四十八人　女三十九人

寺　百七十八寺　人口二百七十六人　男二百五十三人　女二十三人

非人人口　八十六人　男五十人　女十三六人　穢多人口　三十七人　男二十三人　女十四人

村　六十四村

○大溝藩

草高　二萬九十七石六斗七升五勺八才

改出新田　九十六石四斗七升五勺八才

正租米　五千八百二十三石一斗三合五才

雜税　現米九百五石九斗五升二合三勺七才

合米　六千七百二十九石五升五合四勺二才

士族人口　五百三十七人　男二百五十七人　女二百八十人

卒族　三百四十九人　男百八十一人　女百六十八人

戸數　二千五百二十六戸
人口　一萬千四百三十三人　男五千六百六十三人　女五千七百七十人
非人人口　百四十三人　男七十人　女七十三人
穢多人口　五十七人　男三十人　女二十七人
社　社務人人口四人　男二人　女二人
村　三十四村
寺　僧百九十五人　男百九人　女八十六人　尼七人

○岡田藩

草高　壹萬六千九百八十三石九斗五升三才
正租米　七千六百九十九石七斗六升四合七勺三才
雜稅金　四百十五兩二分一朱永二百五十四文九厘九毛
士卒族戸數　士百四十三戸　卒百五十九戸
人口　千百二十三人　男五百十三人　女四百九十九人　小兒百卌人

（内
士族　四百七十人男二百五十一人
女百五十四人
卒　六百五十三人男三百十二人
女二百四十五人）

戸數　三千八十四戸

人口　一萬六千二百三十一人男八千五百十一人
女七千八百十八人

内穢多戸數　八十三戸　人口　千百五十一人男六百一人
女五百五十人

隱亡人口　百七十三人男九十九人
女七十四人　戸數　二十七戸

神社　二十一社社務戸數二十一戸　男二十八人
女三十八人

寺　五十六ヶ寺
外ニ庵九　僧四十八人
尼七人

○小野藩

草高　壹萬千九十九石三斗一升三合
改出
新田　千九十九石三斗一升三合
正租稅　五千二百八十一石三升八合五勺八才
雜稅　金壹兩二分

戸數　千六百四十六戸

人口　七千三百九十五人（男三千七百人 女三千六百九十五人）

士卒族戸數　百五十三戸（士族七十九戸　卒七十四戸　士三百八十六人　卒三百五人　男百八十人、女二百六人　男百六十二人、女百四十三人）

人口　六百九十一人（男三百四十二人 女三百四十九人）

村　三十村

神社　二十社（神主五戸）　人口　二十八人（男十三人 女十五人）

寺　十七寺（僧二十七人 尼五人 外ニ僧四人女一人）

兵隊　一和隊（司官六員 兵三十六人）　柳條隊（司官六員 兵三十六人）

炮手　十四人　皷笛手　四員

○小幡藩

草高　二萬三千七十石一斗四升一合

高　二萬石

込高新田 新田改出　三千七十石一斗四升五合

現石　三千六百三十一石三斗三升四合八勺
畑税　永三千二百三十四貫百八十四文六分
此永石八兩現石四百四石貳斗七升三合
雜税　永千七十貫八百九十五文五分
此永石八兩九分ニ百三十三石八斗六升壹合
（三口現穀ニ直シ四千百六十九石四斗六升九合七勺）
戸數　二千九百七十九戸
人口　壹萬三千二百五十七人（ママ）男六千七百七十三人　女六千四百七十人
士族戸數　二百十二戸　内卒族六十五戸
人口　六百三十九人男三百四十九人　女二百九十人
外ニ寺　六十二寺僧五十七人　僕十九人
○修驗三戸男五人　女七人
神社　八社社家十一戸　人口三十九人　男二十五人、女十四人

村數　四十村

穢多戶數　三十五戶　人口百四十五人 男八十八人 女五十七人

非人人口　十七人 男十人 女七人

兵員　百人 三小隊 一小隊三十二人 鼓手四人

○荻野山中藩

草高　壹萬三千六百八十四石一斗九升七合六勺七才

込高　六百八十三石八斗四升五合六勺七才

改出高　三斗五升二合

正租米　三千二百十三石四斗八升四合五才

正雜永　千二百二拾四貫七百四十五文壹分六厘八弗

戶數　二千二百二十六戶

人口　壹萬二千二百五十五人 男六千三百三十一人 女五千九百十八人

非人戶數　十一戶　人口　六十一人 男三十二人 女二十九人

外ニ穢多戸數　四十八戸　人口　二百九十九人男百五十五人女百四十四人
神社　四十九社社人十戸人口五十二人　男二十九人、女二十三人
寺　四十六寺僧四十二人
修驗　二戸　四人男二人女二人
外ニ士族　七十二戸　卒族三十三戸
人戸　三百四十五人男百七十九人女百六十一人
士族二百八十五人男百四十二人女百四十一人　卒五十七人男三十七人女二十人外ニ卒二十五人
村　二十五村

○小久保藩

草高　壹萬千貳百六十五石壹斗四升九合七勺
正租　三千三百二十九石九斗六升七合七勺九才
雜稅　七拾九石七斗四升七合七勺三才
十七石三斗九合二勺村替ニ付減高

戸數　二千二百六十二戸

人口　九千七百五十人 男四千八百八十人 女四千八百三十七人

内 士族戸數　百二十戸　人口　三百六十一人 男百九十七人 女百六十四人　小者三十一人

神社　四十七社 社人七戸 人口三十九人　男二十二人、女十七人

寺　四十七寺 僧四十九人 比丘尼一人　道心九人

村　二十九村

兵隊　四十三人

外ニ 五十五石従前朱印地

四十石 上總國周准郡新御堂村 最勝福寺

十五石 同濱古村 建暦寺

○生實藩

草高　壹萬六百二十七石七斗五合六勺六才

込高新田　五百九十八石一斗九升八合八勺六才

正租　米三千八百二十七石二斗五升零五勺四才四毛

雜稅　百八十三石一斗五升五合三勺四才七毛

金　百七十六兩貳朱ト錢十一文

此石二十二石零一升五合七勺六才二毛　八兩立

合　四千零三十二石四斗二升一合六勺六才

戶數　千七百七十四戶

人口　八千七百八十五人　男四千九百七十二人　女四千八百十三人

士族卒族戶數　二百三戶

士族　八十七戶　人口　三百十四人

卒　百十六戶　人口　百二十六人

人口　五百四十八人　男三百九十二人　女百四十八人

村　二十九村

神社　七十六社　社人男十五人　女十人

寺　四十九寺　僧七十七人
穢多人口　三十三人　男十八人　女十五人
兵隊　三小隊　人員百十人

○大田原藩

草高　壹萬六千二十一石四斗九升三合九勺
現石　二千四百八十二石八斗六升三合壹勺
内　米　二千百六十三石壹斗六升四合六勺
大豆　九十六石二斗一升九勺八才
油荏　二百二十石壹升九合二勺四才
戸數　二千三百九十七戸
人員　壹萬二千五百三十五人
内　士族戸數　百二十二戸　卒族　六十戸
人口　七百二十四人　男三百五十八人　女三百九十九人

士族六百八人
卒族百四十九人
非人戸數　八戸　人口三十六人男十八人
女十五人
穢多戸數　十一戸人口六十七人男三十四人
女三十三人
非人戸數　二戸　人口七人男三人
女四人
穢多戸數　九戸　人口五十人男十九人
女三十一人
寺　廿七寺僧十六人又十三人
尼三人
村　百十九村
神社　未詳

○小見川藩

草高　壹萬四百七十六石二升一才
高　一萬石
込高　四百七十六石二升一才
正租　米二千二百五十九石五斗三升三合四勺九才

永五百八十九貫八百十二文一分

雑税　米壹石九斗四升五合

永百八十八貫六百十一文貳分壹厘貳毛

戸數　千六百二十一戸

人口　八千二百六十四人 男四千七十一人 女四千百九十三人

外ニ
士卒族　八十戸 士族七十四戸 卒六戸

人口　二百八十八人 女九十一人

人口　三百七十七人

寺　四十三寺 僧三十一人　修驗　十一人 男四人 女七人

社　二十七社 社人戸數二十九人 男十四人 女十五人

穢多戸數　六戸　人口三十四人 男十九人 女十五人

村　二十四村

舊幕朱印地
高七石　木田村　木田太神社領

高三石　小見川村　正福寺領

○和歌山藩

草高　五十三萬九千四百六十九石四斗七升七勺
新田高　三百七十二石四斗四升九合一勺
正租　米二十六萬八千四百三十八石四升
金四千五十五兩一分二朱
永六拾壹文
雜稅　米三百七十三石九斗四升貳合六勺五才
金壹萬三千三百三十九兩壹分三朱永二十九文八步
鹽千拾五石五斗八升一合
產物稅　金二萬八千七百四十三兩三分一朱永四文五步
戶數　十萬八千二百四十五戶
人口　四十五萬八千八百二十六人　男二十三萬二千六百四十六人　女二十二萬六千百八十人
外穢多戶數　五千三百二十六戶

人口　二萬六千六十四人　男一萬三千七十七人　女一萬二千九百八十七人

神社　三千二百四十七社

寺院　二千三百三十寺　僧二千八百九十九人　尼百九十二人　男七百六十一人　女千六百三十六人

士卒族戸數　一萬六百七十八戸

人口　三萬七千七百九十三人　男一萬九千八人　女一萬八千七百八十五人

内 社人戸數　三百二十六戸　社人百八十七人　女二百三十二人

内 修驗　百十一戸　人口四十六人　女九十四人

戍兵　十二大隊　五千七十六人

但一大隊四百二十三人　隊長士官九十三人　兵三百三十人

騎兵一小隊　隊長共　百六十五人

砲兵一聯隊　同　二百七十人　但四小隊

工兵隊　同　五百七十二人　輜重隊　同　八十九人

○金澤藩

草高　百三拾五萬三千三百五拾二石八斗七升壹合壹才

高　百貳萬五千貳拾石二斗八升貳合

込高新田高　三拾貳萬八千三百三拾貳石五斗八升九合壹才

内　壹萬五千貳百六拾九石三斗九合（當時變地等引高）

正租　米六拾三萬三千百三拾四石八升三合七勺二才

錢七萬五千六百三拾四貫七百七拾七文四步

雜租　金三拾四兩三步永三拾七文五步

錢貳拾五萬八千五百九拾貫五百貳拾七文四步

内　三萬五百三貫五百拾五文　定納之分

戸數　拾九萬八千八百拾壹軒

人口　九拾九萬七千六百六拾九人（男四十九萬八千五百八十五人　女四十九萬九千八十四人）

外士族戸數　七千七百九拾七戸

同　人口　貳萬八千六百八拾三人（男一萬三千九百七人　女一萬四千七百七十六人）

卒族戸數　九千七百三戸
同　人口　貳萬七千三拾八人　男一萬四千六百五十五人　女一萬二千三百八十三人
中間小者戸數　二千六百九十九戸
人口　五千九百三拾八人　男三千五百六十七人　女二千三百七十一人
藤内等戸數　貳千貳百四拾三軒　但穢多之類
同　人口　壹萬千六百九拾五人　男五千八百四十六人　女五千八百四十九人
神社　四百七社
人口　千七百九拾九人　男九百五拾三人　女八百四拾六人
寺　貳千四十七ヶ寺
人口　壹萬三千三百貳拾六人　男九千三百二十人　女四千六人
蒸氣船　猶龍丸　錫懷丸　二艘　帆前船　駿相丸　有朋丸　起業丸　三艘
歩兵五大隊　砲兵　三隊
隊長　司令士　等役員　千百六人　兵卒人員千五百六十八人

隊士四百六拾四人

○鹿兒島藩

草高　八拾六萬九千五百九拾三石五斗七升六合六勺四才
琉球國高引除
高　七拾七萬五千三百六拾三石五斗七升五合七才
内
損高貳萬九千四百八拾六石九斗九升五合八勺
現石　貳拾六萬一千五拾六石八斗二合
現穀　二萬六千九百八拾六石四升八合　但士族知行一斛ニ付現穀八升一合ヲ税米トス
砂糖　五百九萬二千八百二十五斤　但琉球國外諸島ノ貢米換ルニ砂糖ヲ以テス
菜種　六千七十七石四升二合
楮　九萬六千七百七十六貫四百二十九匁九分　但輕價ニテ士族中ニ配當
生蠟　四萬四千七十八斤八合
麻苧　二千八百七十七斤
雜税　錢拾五萬九千七百九十六貫三百七十二文

戶數　拾七萬四千五百廿八戶
人口　八拾九萬六千八百八人　男四十八萬九千四百六十人　女四十萬七千三百四十八人
内
士族戶數　四萬三千百十九戶
同　人口　拾九萬二千九百四十九人　男十萬二千百八十五人　女九萬七百六十四人
足輕以下戶數　拾萬七千七百三十八戶
同　人口　五十七萬九千四百五人　男三十萬五千四百四十八人　女二十七萬三千九百五十七人

附錄

琉球國高稅米　現石八千六百六十九石壹斗六升
戶數　壹萬三千五百十三戶　但前惣計之內
人口　七萬二千七百三人　男四萬四千九百十四人　女二萬七千七百八十九人
士分以上戶數　壹萬百五十八戶　前同斷
同　人口　五萬千七百五十壹人　男三萬六千九百十三人　女壹萬四千八百三十八人

○高知藩

草高

地　四拾九萬五千四百八拾六石餘（甲子ヨリ戊辰迄五ヶ年平均）

現米　拾八萬九千四百三十壹石餘

諸產物　諸紙　砂糖　同白　黑　蜜　鷄卵　茶　椎茸　蜂蜜　漉蜜

蜜蠟　蕨粉　蕨繩　檜繩　松繩　松節　松烟　松脂　楊梅皮　楮草

茅葺　薄縁　呉座　丹波表　近江表　七島表　中次表　疊　燒物類

菌類　海蘿凝海藻艸　鱶鰭　竹（大竹中竹小呉竹共）　内竹　五倍子　桂根　肉桂

彥根茯苓　藥種類　藍（爲寢藍共）　木藍　鳥黐　櫨實

税銀　貳萬八千貫六百九拾七匁餘

税金　貳萬八千六百九拾七兩也

此米三千五百八拾七石餘

總計　拾九萬三千拾八石餘

戶數　九萬三千七百三十六戶

人口　四拾九萬五千九百三十六人
内士族戸數　七千二百六拾九戸
同　人口　三萬五百六人 男一萬五千百三十八人 女一萬五千三百六十八人
卒族戸數　三千七拾三戸
同　人口　壹萬七千六百八十壹人 男一萬九百五十四人 女六千七百二十七人
外穢多戸數　三千三百九十六戸
同　人口　壹萬六千八百九十四人 男八千六百九人 女八千二百八十五人
神社　壹萬座
外神職修驗等戸數　壹千零十六戸
同　人口　四千貳百十四人 男二千九拾六人 女二千百十八人
寺院　四百七拾六宇
人口　壹千五百七拾二人 男千二百四十七人 女三百二十五人
常備兵　六千六百人　非常兵　二千四百人　合九千人

○山内藩

戸數　六百二戸　人口　男千四百四人　女千四百六人

外士族戸數　五拾軒　同人口　男百十九人　女百三人

卒族戸數　五拾五軒　同人口　男六十三人　女十六人

神社　二社　社人戸數　二戸人口　男三人　女五人

寺　十六ヶ寺　人口　男十六人

常備兵　八十九人

○龜岡藩　高五萬石

草高　五萬七千二百四石七升　新田改出高　七千二百四石七升

正租　貳萬四千四百六拾壹石四斗八合八勺

雜税　米三千八百六拾四石三斗三升七勺

永貳百四拾九貫六百八文五分六厘

此金貳百四拾九兩貳分壹朱永四拾六文六厘

此米三拾壹石二斗壹合石ニ而八兩立

藁繩莚糠等代ニ積リ

永百九拾三貫五百七拾文貳分六厘

此金百九拾三兩貳分壹朱永七文七分六厘

此米貳拾四石壹斗九升六合二勺石同斷

合

貳萬八千三百八拾壹石壹斗三升六合七勺

戸數　壹萬八百四拾三戸

人口　四萬五千貳百五拾三人男二萬三千三百四拾三人
女二萬千九百拾人

内

士族戸數　五百三拾三軒　藩士六百八十二人

同　人口　二千三十四人男六百五拾二人
女千三百八十二人

卒族戸數　五百二十五戸

同　人口　七百二十四人男三百八十三人
女三百四十一人

神社　二十五宇　社務人六十九人男三十六人
女三十三人

寺　　二百九拾宇僧二百三十一人　尼十三人
女四十一人

村數　百三十一ヶ村

兵隊　百五十六人　役員　四十三人

豫備卒　七十九人

○唐津藩

草高　六萬四千七百三拾五石八斗六升三合

此現石　貳萬五千九百三十四石八斗七升三合但子ヨリ辰迄
五ヶ年平均

高六萬石

込高　千貳百六拾三石三斗四升四合

新田高　三千七百貳拾七石五斗一升九合

田高　四萬八千三百九拾三石四斗三升八合平均免四ツ五厘七毛七糸
貳忽三微九纎

現石　壹萬九千六百三拾六石七斗二升壹合

畑高　壹萬六千三百四拾二石四斗二升五合平均免三ツ八分五厘三毛
八糸六忽六微

現石　六千貳百九拾八石壹斗五升貳合

雜稅　現石　三百貳拾貳石五斗三合

此金貳千二百五拾七兩貳分　永二拾壹文（但五ヶ年平均壹石ニ付金七兩替）

戶數　壹萬三千六百六拾九軒

人口　六萬三千貳百貳拾六人（男三萬二千二百十五人　女三萬千十一人）

内

士族戶數　百七十貳戶

同　人口　九百九拾八人（男四百八十七人　女五百十一人）

卒族戶數　七百三十一戶

同　人口　四千二百三十七人（男二千六拾七人　女二千百七拾人）

社家　百拾六軒　同人口　五百六拾四人（男二百七十一人　女二百九十三人）

穢多戶數　九拾壹軒　同人口　五百五人（男二百七十人　女二百三十五人）

神社　八百四社（但攝社末社共）

寺院　九十五軒　三百二十七人（男二百三十三人　女九十四人）

歩兵一大隊　三百六十人　六十人ヲ一小隊トシ六小隊ヲ一大隊
砲隊　三十人　同豫備隊　三十一人
歩兵豫備　八十人

○龜山藩

草高　七萬五千四百十八石九斗八升一合八勺
高　六萬石
込高新田改出高　一萬五千四百十八石九斗八升一合八勺
正租米　二萬四千四百四石六斗七升六合貳勺
錢　三貫九十一文
諸雜税　米　百俵　但シ年々不同有之候
内
米　十二俵　村々茶桑運上
米　八十六俵　村々新開林竝ニ藪運上

米　二俵　紺屋運上
米　四俵　若松入船問屋運上
米　四俵　家中空澤畑年貢
戸數　八千七百九十戸
人口　四萬千九百二十四人　内男二萬千九十三人　女二萬八百三十一人
外ニ士卒戸數　七百二十六戸
同　人口　三千六百六十七人　男千七百九十三人　女千八百七十四人
内神社　三十三社
寺　二百十二ヶ寺　但シ庵共
士族戸數　二百七十戸
人口　千三百七十三人　男六百五十一人　女七百二十二人
卒族戸數　四百五十六戸
人口　二千二百九十四人　男千百四十二人　女千百五十二人

社家　二百二人 男百四人 女九十八人
僧尼　六百七十一人 男四百二十七人 女二百四十四人
神社　七百四十三社 五百九十五社 伊勢 百四十八社 備中
修験　十一戸　人口四十人 男二十四人 女十六人
（兵隊　八小隊 以四十人爲一小隊 二百八十七人）
（大砲隊　三分隊 以十六人爲一分隊　役員七十六人）

○川越藩

草高　八萬千五百六十二石三斗九勺一才
高　六萬四百四十二石五斗一升二合
込高新田改出高　二萬千百十九石七斗八升八合九勺一才
正租米　一萬八千二百十三石六斗二升三合八勺
永　三千七百十五貫七百五十二文四分五厘
雑税米　二千七百三十三石七斗三升七合六勺

永　四百四十六貫百文四分四厘
銀　三貫百五匁三分三厘
錢　一貫九百五十二文
戸數　一萬千六百五十軒
人口　五萬七千六百二十三人　内　男二萬八千八百八十七人　女二萬八千七百三十六人
外ニ社家　四十四軒
同人口　百七十三人（マヽ）　男八十七人　女八十八人
寺　百四十二ヶ寺
同人口　三百三十三人　男二百六十五人　女六十八人
無住寺　七十五ヶ寺
村數　百九十ヶ村
外ニ穢多人口　七百十三人　男三百七十五人　女三百三十八人　戸數無之
非人人口　四十六人　男二十四人　女二十二人　戸數無之

外ニ士族戸數　五百七十一戸
同　人口　二千四百四十七人 男千百七十九人 女千二百六十八人
卒族戸數　四百四十七戸
同　人口　千四百十六人 男七百三十六人 女六百八十人
兵隊 精兵 五百九十七人 聚合兵 二百十二人

○笠間藩

草高　八萬五千三百十石六斗六升四合八勺
高
正租米　一萬六千二百七十三石六斗三升六合八勺 五ヶ年平均
永　六千五百九十六貫二百八十二文八分四厘
此米　八千三百四十五石三斗五升三合五勺五才 兩一石二斗五升替
雜税米　五百五十三石四斗三升二合九勺
永　九百二十三貫七百二十七文五分三厘

此米　百十五石四斗六升五合九勺五才石八兩立

右合　二萬五千百八十七石八斗八升九合二勺

戸數　七千四百二十五戸

人口　四萬四千四十六人内 男二萬二千八百人 女二萬千二百四十六人

内神社

寺　二百三十八ヶ寺内 無住百四十七ヶ寺

外ニ士族戸數　三百十戸

外ニ卒族戸數　四百四十三戸

士卒族人口　三千二百五十五人 男千五百九十八人 女千六百五十七人

内穢多非人戸數　十六戸　同人口　百三十九人 男八十五人 女五十四人

村數　百九十七ヶ村

社家戸數　七十六戸　人口二百四十四人 男百三十三人 女百十一人

寺　二百三十八寺　人口百九十一人 男百五十四人 女三十七人

兵隊　（斥候隊 三小隊百二十人　大砲隊 二小隊五十人　外ニ補員十六人
狙撃隊 三小隊百二十人　補員十八人
整發隊 四小隊百六十人
壹等番隊六十一人　貳等番隊五十一人
三等番隊五十二人　外ニ陣屋常備
合六百七十九人
外ニ役員三十人）

修驗　三十五戸　人口二十八人 男十七人 女十一人

藩制一覽表第三

○加納藩

草高　三萬貳千石
　外三千八百五十六石六斗三升四合二勺
合高三萬五千八百五拾六石六斗三升四合二才
五ヶ年平均
正租　現米壹萬千六百五拾六石四斗八升七合
雜稅　千三百九十六石貳斗七升四合壹勺五才
　合高壹萬三千五十二石七斗六升壹合壹勺五才
產物
　縮細　凡八千疋　　傘　凡三十萬本

棧留縞　凡三萬端　結城ジマ　凡五萬三千五百端

寺領　四百十二石六斗八升五合

五ヶ年平均

米　百三拾石六斗壹升三勺

外ニ山林四ヶ所

戶數

人員

士族三百十七軒

千四百八十八人（男七百十九人　女七百六十九人）

卒　七拾壹軒

二百七人（男九十八人　女百九人）

百姓五千三百八拾七軒

二萬三千九百七拾人（男一萬千八百十七人　女一萬二千百五十三人）

町人六百八拾壹軒
二千七百六人 男千三百十二人 女千三百九十四人
寺
百壹ヶ寺
三百九拾三人 僧二百三十八人 女百三拾四人 庵三軒 俗二十壹人 尼三人
社家十五軒 七十壹人 男三十八人 女三十三人
寺 百七十三戸
姓 二百五十八人 男百三十五人 女百二十三人
穢多四軒 十五人 男七人 女八人
非人四十八軒 二百六十三人 男百二十六人 女百三十七人
右惣戸數六千三百五軒
人員 二萬七千六百五十六人
外ニ
華族 一戸 七人 男二人 女五人
郡村 未詳

（兵隊官長十五人　上等兵隊一小隊　下等兵隊二小隊　大砲兵隊十六人）

○龜田藩

草高　壹萬九千九百四石五斗五升五合
　内二千二百九十六石四斗壹升壹合
　　山走川欠違作毛引五ヶ年平均引高
　殘而壹萬七千六百八石壹斗四升四合

五ヶ年平均

正稅　現米八千七百八拾壹石壹斗八升壹合四勺

雜稅　現米三千百六十壹石三斗六合九勺
　　金二千五十二兩三朱
　　　爲米二百五十六石五斗二升三合四勺　但壹石ニ付金八兩替

物高壹萬二千百九十九石壹升壹合七勺
此俵四萬八千七百九十六俵ト壹升壹合七勺　但元米二斗五升延口共二斗九升

産物

大豆庚午ヨリ税ヲ收ム以下同　壹俵ニ付四百二十文

小豆同　同上

小麥同　同上

菜種　壹叺ニ付同上

蕨粉　壹叺ニ付八百四十文

戸數

人員

士族二百三拾戸

千二百八人男六百三人女六百五人

卒三百壹戸

千五百七人男七百十七人女七百九十人

平民百姓三千四百三十七軒

壹萬九千百拾三人男壹萬四十五人女九千六十八人

町人二百九十八軒

千四百三十人 男七百十二人 女七百十八人

惣戸四千二百六十六軒

二萬三千二百五十八人 男壹萬二千七十七人 女壹萬千百八十一人

外ニ社家十四戸 七十九人 男三十三人 女三十人 下男十六人

修驗二十六戸 百八十二人 男六十六人 女八十九人 下男二十七人

寺院四十二戸 三百十四人 僧百九十九人 女三十一人 尼十六人 下男八十四人

穢多八戸 四十五人 男二十二人 女二十三人

合九十戸六百三十六人

惣計四千三百五十六戸 二萬三千八百九十四人

社 二十社

外華族四人 男二人 女二人

郡村未詳

（兵員　百五十四人）

○上山藩

草高貳萬七千石
外込高千四百九石四斗五升七合九勺
反別百九町九反四畝二十五歩二釐
○合高貳萬八千四百九石四斗五升七合七勺
反別百九町九反四畝二十五歩二厘　見取
内五ヶ年平均
正租　四千五百五十一石七斗五升
雑税　五ヶ年平均
永五百三十貫七百文三歩
四ヶ年平均
正租　五千八百三十四石八斗九升六合
雑税　永二百七十三貫四百六十三文九分

五ヶ年平均
正租　米現石壹萬四百八十七石壹斗六升六合
　但雜稅永八百四貫六十四文貳分石八兩立ニテ本石ニ結込高
　（正雜混スルヲ以テ其マヽ記ス）
產物　大奉紙
　和紙　凡年内二千兩位之品漉出
　生絲　凡糸目千二百貫目位尤年柄ニ寄不同
　青苧　凡五百兩位之品出來
　漆　凡六百兩位之品抓出來
　　右稅法ハ追ゐ取調
戶數　五千五百七十軒
　內
　士族百二十二戶
　卒　百四十七軒

社家
寺　三十八戸
修驗
越後地
社家
寺　三十戸
修驗
平民千九百十五軒
越後地　平民三千二百九十三軒
穢多番非人三軒
越後地　穢多幷渡守二十二軒
人員三萬千三百九十九人
内
士族六百二十五人男三百二十八人
女二百九十七人

卒　七百五十三人 男三百四十九人 女四百四人

社人四十七人　山伏六人 卽修驗

女六十八人　尼三人

僧四十三人

越後地

社人十五人　山伏八人

女四十二人　尼七人

僧四十八人

平民一萬千五百七人 男五千八百六十八人 女五千六百三十九人

越後平民一萬八千六十九人 男九千三十八人 女九千三十一人

同穢多幷渡守百四十六人 男八十人 女六十二人

神社佛閣村數等詳カナラス

（步兵　一中隊 但一小隊六十人 役司十二人　砲兵　一分隊 役司十五人）

○鹿島藩

草高二萬石
内
田畠千九百三十九町八段六畝十六歩小半
地米一萬三千七百十一石一斗四升四合四勺
山野千五百拾五町一畝八歩半
地米六千二百八十八石八斗五升五合六勺
地米二萬石

五ヶ年平均
正租　一萬四十七石二斗六升八合二勺
雜税　銀二十八貫百五十九文目九釐
石八兩立ニシテ現米五十八石六斗六升四合八勺
合現米一萬百五石九斗三升三合餘
右十分之一

米千十石五斗九升三合三勺　知事家祿

右庚午十二月書上

○

地米二萬石

米　三百十五石二斗五升九合四勺
右藩中邸宅社寺其外數地除キ米

米　三千三百四十八石六斗一升六合六勺
右洪水汐入及旱潦ニ付テ荒凶捨リ米

五ヶ年平均

米六千二百八十八石八斗五升五合六勺

右山野無米

惣計米九千九百五十二石七斗三升一合六勺

殘一萬四十七石二斗六升八合四勺五ヶ年平均

右現米租入一歲之惣高

右十分之一

千石　　知事家祿

右己巳十月書上

産物　製茶　二萬斤余　税銀十貫目

　　　爐蠟　五萬斤　税同上

　　　酒　　三千石　税三貫目

　　　竹木幷薪　税五貫百七十目四分

一無税

　　　陶器　炭　紙　瓦　烟草　摺蝦　水母　燒酒

　　　合銀二十八貫百七十目四分

　　　右十分之一貳貫八百十七文目　知事受納

戸數　三千百三十五戸

人員　壹萬三千七百二十一人

内

士族　二百九十四戸　千六百四十四人（男七百七十八人　女八百六十六人）

卒　四百六十三戸　千八百二十三人 男九百七人 女九百十六人

社家　十一戸　四十七人 男二十三人 女二十四人

寺院　四十一戸　百四十八人 僧百十一人 女三十七人

山伏　九戸　四十七人 男十七人 女三十人

百姓　千八百四戸　八千百二十六人 男四千七十五人 女四千五十一人

町人　五百八戸　千八百六十三人 男九百六十七人 女八百九十六人

佐賀藩卒　四戸　十九人 男十一人 女八人

蓮池藩卒　一戸　六人 男三人 女三人

外ニ

穢多　六戸　三十七人 男十九人 女十八人

非人　八戸　三十二人 男十九人 女十三人

合十四戸六十九人

外ニ

華族　一戸　五人 男一人 知事 女四人

社

十社

郡一　藤津郡東分　郷二　鹿島郷　能古見郷
村　三十五　町　五　宿　二
津　五　潟
（十二小隊 ヲ二大隊ト爲 人員四百人）

○鴨方藩

草高　二萬五千石
外八百三十九石七斗七升　新田改出
合高二萬五千八百三十九石七斗七升
五ヶ年平均
正租
一米（現米）九千二百十六石九斗八升四合六勺
一金五兩永四百八十九文五分
產物　鹽　無稅

戸数　四千四百二十五軒

人員　貳萬七千七百九十三人

内
士族　百三十八戸

卒　百九戸　輕卒　百六十八戸

平民　三千九百七十三戸　内 穢多十五戸

社家　二十三戸　寺院　七宇

山伏　十四戸

合四千四百二十五戸　内 寺院七宇除

士族　四百九十四人　男二百五十一人　女二百四十三人

卒　二百九十一人　男百七十人　女二十一人

輕卒　三百十二人

平民　二萬六千四百五十五人　男一萬三千五百四十九人　女一萬二千七百一人

内
穢多　二百五人　男百十三人　女九十二人

社家　百三十二人男六十九人　女六十三人
僧　五人
山伏　百四人男四十九人　女五十五人
合二萬七千七百九十三人
社　七宇
華族外ニ　一戸　三人二男内知事一人　一女
（銃隊　一小隊役員八人　大砲隊　十四人　同　一分隊）

○柏原藩

草高　二萬百三十三石六斗九升七合六勺
高　二萬石
新田高　百三十三石六斗九升七合六勺
正租米　七千七石五升九勺八才
金納　貳千三石四斗一升三合二勺八才（米ニ直シ）

諸雜稅
米　百七十三石一斗一升三勺
金　二十兩
永　百七十九文一分
（外）士族戶數　百三十九戶
同　人口　六百三十三人　男三百人　女三百三十三人
（外）卒族戶數　七十戶
同　人口　二百七十三人　男百三十五人　女百三十八人
戶數　四千二十四戶
人口　一萬七千五百六十九人　內　男八千九百人　女八千六百六十九人
內神社　社家廿戶　人口六十一人　男三十三人　女二十八人
寺　六十六ヶ寺　人口百四十九人　男百二十三人　女二十六人
修驗　八戶　人口二十四人　男十二人　女十二人

尼庵　十一戸　尼僧二十一人
(兵士　五十八人　兵卒　五十六人)

○烏山藩

草高　三萬石
高　三萬石
込高　七千六百八十八石七斗六升六合八勺
新田高　三千七十二石八斗壹升九合二勺四才
高合　四萬七百六十壹石五斗八升五合三勺二才
正租米　六千百三十六石貳斗五合五勺
永　二千百二十二貫百七十七文四歩
雜稅米　九百六石九斗四升二合七勺
永　七百八十九貫三百四文九分五厘
戸數　五千五百八十三戸 四百十七戸

人口　二萬七千二百九人（六千九百十二人）（内　男一萬三千七百二十一人　女一萬三千百九十三人）

内　神主　三十七戸　人口百三十七人（男七十人　女六十七人）

寺　百二十一ヶ寺（内　六十ヶ寺無住　人口百二十二人　僧百一人　男十四人　女七人）

外ニ　士族戸數　二百九戸

同　人口　七百五十五人（男三百二十人　女四百三十五人）

卒族戸數　四十六戸　雇卒族三百二十八人（男二百三十人　女九十七人）

同　人口　七十六人（男四十六人　女三十人）

外ニ　穢多戸數　二十八戸

同　人口　百二十八人（男七十二人　女五十六人）

寺數　八十五ヶ村

（一番小隊　五十二人　二番小隊　同　三番小隊　同

大砲隊　四十四人

合二百三人）

○刈屋藩

草高　二萬七千七百三十四石六斗八升三合八勺
高　二萬三千石
込高改出新田高　四千七百三十四石六斗八升三合八勺
正租米　六千九百七十四石三斗八升七合五勺壹才
金　貳百拾九兩二分壹朱
銀　二十八匁三分四厘二毛
錢　二百六十九貫三百四十一文
永　六百八十九貫八百八十七文三分壹毛
戸數　五千九百五十七軒
人口　二萬六千二百五十七人　内男壹萬三千七十九人 女一萬三千百七十八人　外ニ社人十八人 僧百七十一人
外ニ神社　二十二社
外ニ寺　百四十ヶ寺

付箋［寺修驗神社等ハ村々調ラベ書出候事］

外ニ修験戸數　六戸

外ニ非人戸數　十三戸　外ニ同人口　四十九人　外ニ男二十四人　女二十五人

外ニ穢多戸數　十八戸　外ニ同人口　八十八人　外ニ男四十七人　女四十一人

外ニ士族戸數　二百三十二戸

外ニ藩士　二百八十九人　外ニ同家族　六百十二人　男百七十三人　女四百三十九人

外ニ卒族戸數　百三戸

外ニ藩卒　百二十九人　外ニ同家族　百八十四人　男四十六人　女百三十八人

村數　三十二ヶ村

（兵隊　四小隊一隊四十八人　大砲　十二人）

○勝山藩

本高　二萬二千七百七十七石

外新田　高六百八十三石一斗七升二合

○合高二萬三千四百六十石壹斗七升二合

内
高貳千四百二石七斗七升　引方
此實　高二萬千五十七石四斗二合
正税五ヶ年平均
現米　六千七百八十三石九斗二升九勺
雜税五ヶ年平均
現米　四百四石六升四合七勺
金　三百壹兩壹分ト永百文
○都計　現米　七千百八十七石九斗八升五合六勺
金　三百壹兩三分ト永百文
諸產物及諸税取調
一刻多葉粉五十萬斤税　永六十二貫五百文
一生糸三百五十貫目計税　永十三貫百一十五文
一石炭壹萬叺入計税　永拾三貫百二十五文

都計永九十一貫二百五十文

一菜種三千叺計　無税

一漆五十荷計税　永二貫五百文

一苧紵二萬計　無税

一黄蓍五千貫目計　無税

一杉板二萬間計　無税

一焚炭二萬貫目計　無税

戸數　三千三百八十壹戸

人口　壹萬七千百六十九人　内 男八千五百五十人 女八千六百十九人

外ニ社家　五戸　外ニ同　人口　十八人　内 男十二人 女六人

外ニ寺院人口　百四十壹人　内 男八十二人 女五十九人

神社　記シテ無シ

外ニ寺　三十二ケ寺

外ニ士族戸數　百六十戸　外ニ同　人口　七百六十五人　内 男四百四人 女三百六十一人

卒族戸數　九十壹戸　同　人口　五百拾九人内男三百拾一人女三百八人
○兵士　九十九人
○兵卒　七十二人
合百七十一人　但シ四小隊ニ組一小隊四十人
村數　記シテ無シ
（兵員一中隊一小隊六十人　砲兵一分隊）

○神戸藩

高一萬五千石
外ニ込高
高千五百六拾三石九斗三升七合
新田改出
高三百七拾貳石三升五合五勺
先規ヨリ附渡并起返新開共

高三拾四石六斗八升七合

○合高壹萬六千九百七十石六斗五升五合五勺

正租五ヶ年平均

現米五千二百二十四石二斗二升九合六勺 伊勢國 正租米

但シ子年ヨリ五ヶ年ノ內寅辰兩年格外凶作ニ付相除キ前戊亥兩年差入平均仕候

現米二千百八十石八斗二升八合四勺 河內ノ國 正租米

合米七千四百五石五升八合

外ニ定米二十一石三斗三升五合二勺 伊勢國ノ內先規ヨリ附渡井起返新開共正租納

○總合 米七千四百二十六石三斗九升三合二勺
金四兩永九百十五文八分 伊勢 河內 國之內雜稅定納

總戶數 貳千貳百貳拾四戶

總人口 九千六百八十三人 內 男四千八百三人 女四千八百八十人

外ニ社家五軒 人口二十三人 內 男九人 女十四人

寺院　人口百十九人内 僧七十五人 男五人 女三十九人

外ニ 神社　百十五社　寺　八十九ヶ寺

外ニ 士卒總戶數　百五十五戶

士卒總人口　七百五十五人内 男四百十八人 女三百三十七人

内 士族戶數　九十壹戶　同　人口　四百二十七人内 男貳百四人 女二百二十三人

卒族戶數　四十四戶　同　人口　百七十一人内 男九十一人 女八十人

輕卒戶數　二十戶　同　人口　百十六人内 男八十二人 女三十四人

仕丁人口　四十壹人　女無之

外ニ 非人番　四十一人内 男二十三人 女十八人　戶數無之

非人人口　二十七人内 男十六人 女十一人　戶數無之

○兵隊　七十五人

受領高二十石三斗餘　龍光寺

正租米　八石七斗六升

○加知山藩

本高　壹萬三千九百六十九石八斗九升七合四勺六才
　正税米五ヶ年平均
現米四千五百六十石壹斗壹升五合八勺五才
　外ニ雑税ノ内新田開發冥加米
現米九斗貳升五合三勺壹才
　永貳百七拾四貫八百六十七文五分貳厘八毛
　　本高新田込高共
○合現米四千六百貳十石五斗八升六合七勺七才
永二百七拾四貫八百六十七文五分貳厘八毛
總戸數　三千百八十一軒
人口　一萬六千百二人 内 男八千三十一人 女八千七十一人
外ニ社家　拾六戸　同人口　八十三人 内 男四十一人 女四十二人

寺人口　百三十八人内男百二十四人女十四人
堂　五十九ヶ所　同人口　四人比丘尼
山伏　二戸　人口　九人内男四人女五人
穢多非人戸數　十三戸　同人口　四十九人内男三十人女十九人
士族戸數　百二十二戸　同人口　四百十七人内男二百三人女二百十四人
卒族人口　貳十五人　但シ戸數幷ニ女等無之
神社　百十七ヶ社　寺　七十八ヶ寺
村數　三十ヶ村
銃兵一小隊　一隊七十人役司十人　大砲二門　砲兵十五人

○米澤藩

草高拾四萬七千貳百四拾八石七斗貳升三合貳勺三才
外込高新田高改出高
高貳萬八千八百拾八石八斗七升貳合

諸士開高幷新開高
高拾萬八千六百八拾壹石壹斗八升五合壹才
○合高貳拾八萬四千七百四拾八石七斗八升貳勺四才
物成八萬五千四百五拾貳石六斗五升貳合九勺三才
○
一米五萬四千三百九拾八石五升九合九勺三才
正租税米　四萬千七百三拾五石三斗壹升八合八勺
雜税米　貳千貳百拾七石壹斗六升壹合壹勺六才
買米　壹萬四百四拾五石五斗七升五合九勺七才
取合如上
一七萬九百六拾八兩
正租銀　五百五拾六貫六百貳拾四匁八厘八毛
雜税　銀百九拾壹貫貳百九拾九匁五分七厘壹毛
錢壹萬六千四百八貫四百四拾七文

諸役税　金三萬三千四百五拾九兩三分三朱
　　　　貳萬五千九百七拾八貫八百七拾三文

炭　貳萬千三百六拾五貫百四拾匁中勘
　　三百八十五兩代積

紅花　貳百六拾四貫百四拾五匁右同斷ニ〆
　　四百貳拾貳兩

綿　六拾九貫四百四拾目五分六厘右同斷ニ〆
　　六百九拾四兩

青苧　壹萬四千六百九拾八貫百三拾目右同斷ニ〆
　　九千八百七拾八兩

山蠟實　七百俵右同斷ニ〆
　　五百貳拾五兩

里右同　八千九百俵右同斷ニ〆
　　八千九百兩

取合如上

○

五ヶ年平均

正租　米四萬千七百三拾五石三斗壹升八合八勺
　　銀五百五拾六貫六百貳拾四匁八厘八毛

雜税　米貳千貳百拾七石壹斗六升壹合壹勺六才

銀百九拾壹貫貳百九拾九匁五分七厘壹毛

錢壹萬六千四百八貫四百四拾七文

一炭　貳萬千三百六拾五貫百四拾目

外

一米　壹萬四百四拾五石五斗七升五合九勺七才　買米

一　貳百六拾四貫百四拾五匁貳分六厘　紅花

一　六拾九貫四百四拾目五分六厘　眞綿

一　壹萬四千六百九拾八貫百三拾目　青苧

一　七百俵　山蠟實

一　八千九百俵　里蠟實

諸役稅金

一金三萬三千四百五拾九兩三分三朱

一錢二萬五千九百七拾八貫八百七拾三文

〇

戶數　貳萬三千四百四十軒

神社　三百六拾壹

佛閣　百七拾九

内

士族三千四百二十五戶　卒族三千三百八戶

社家五十戶　寺院四百三十四戶　修驗二百拾九戶

座等十五戶　穢多非人百十七戶

人員　拾二萬七千二百七拾七人（男六萬四千九百七十七人　女六萬二千二百七十二人）

内

士族壹萬五千八百壹人（男七千五百六十五人　女八千二百三十六人）

卒族二萬二千四百三十八人（男壹萬千九百八十人　女壹萬四百五十八人）

社家百拾八人 男七十二人 女四十六人

寺院九百八十三人 男七百十一人 女二百七十二人　修験七百十人 男四百六人 女三百四人

座等二十二人　穢多非人六百六十五人 男三百四十一人 女三百二十四人

（河原之者百十七戸　人員六百六十五人 内 男三百四十一人 女三百二十四人）

村數

（以下十三行原朱書）

定備兵員　佛式

雲從隊十五小隊 但歩兵六十人ヲ以一小隊トシ二小隊ヲ以一中隊トシ五中隊ヲ以一大隊トス

右職員九十二人

砲兵四分隊半 但砲二門ヲ以一分隊トシ六門ヲ以一砲隊トス

右職員三十三人

豫備兵

歩兵六大隊 但八小隊ヲ以一大隊トス兵員不同

右職員二百二十二人

雷撃隊二小隊但五十人ヲ以一小隊トス
右職員七人
管内屯田兵
小國郷　鮎貝村　荒砥村　中山村　糖野目村
各所一小隊ツヽ但兵員不同

○淀　藩

草高
現石高　四萬三千七百八拾四石七斗六升九勺貳才
甲子ヨリ戊辰迄五ヶ年平均
正租　米三萬九千五百八拾九石三斗壹升貳才
永千三拾七貫五百貳拾文三分六厘五毛但石八兩積リ
雜稅甲子ヨリ戊辰マテ五ヶ年平均　米四千三拾石貳斗九升壹合貳勺
金貳分　此米六升貳合五勺但石八兩積リ

永貳百拾壹貫九百九拾四文八分五厘壹毛
錢七百拾貳貫六百貳拾貳文

兵員　不分明

○吉田藩

草高三萬七石六斗八升八合五勺四才　但込高共
此物成高一萬六千七百六拾四石六斗三升二合六才
内
米壹萬四千百八石五斗六升三合七勺
大豆貳千六百五拾六石六升八合三勺六才
此分直取調　五ヶ年平均
正租　米一萬三千六百六拾七石七斗一升三合一勺五才
大豆二千五百一石三斗五升三合二勺二才
雜稅　金二百八十八兩三分二朱
戸數　九千五百六十九軒

士族　二百五軒　卒族　五百三十軒
社數　八百六拾八社　寺院　七十二ヶ寺　修驗　五十軒
穢多　百壹軒　非人　四軒
人員五萬三千四百八十壹人男二萬七千六百五十八人女二萬五千八百二十三人
内
士族千百七十一人男五百六十九人女六百二人　卒族千七百十八人男八百八十二人女八百三十六人
社人二百七十九人男百四十五人女百三十四人
僧尼九十八人僧九十五人尼三人　修驗三百四十八人男百九十九人女百四十九人
穢多六百四十九人男三百十二人女三百三十七人　非人二十三人男十二人女十一人
（農八千二百九十八戸　人員四萬七千九百十六人男二萬四千七百七十六人女二萬三千百四十人）
（商四百四拾軒　人員千七百十一人男八百六十八人女八百四十三人）
兵員
六小隊但一隊之人數五拾人位時々増減御座候

兵士百五十人位但時々増減御座候此内無給之者拾人余御座候
兵卒二百三拾八人位但時々増減御座候

○與板藩

草高貳萬石但壹石五兩積
外
新田高五百八拾七石壹斗七合六勺
物成詰込高千八拾七石四斗六升貳合壹勺九才
合高貳萬千六百七拾四石五斗六升九合七勺九才
元治元子年ヨリ明治元辰年マテ五ヶ年平均壹ヶ年分
正租　現米六千八百貳石貳升九合五勺六才
雜稅　三百九拾壹石七斗六升五合貳勺六才
正租雜稅合現米七千百九拾三石七斗九升四合八勺二才
戶數　四千六百九十三軒
社家　拾二戶　寺院　四十四ヶ寺
社寺領高百三十二石六斗四升二合三勺

士族　二百五十三戶　　卒族　七拾壹戶
穢多　五戶
人員　貳萬千三拾二人男壹萬二百八十七人　女壹萬七百四十五人
社家　六十人内祝官十二人　男十七人　女三十一人
寺院　二百三十五人内僧百六人　男三十二人　女九十七人
藩士卒　千二百三人男五百八十四人　女六百十九人
穢多　二十九人男拾六人　女十三人
村數
兵員　百七拾八人　　兵隊士卒

○吉見藩

草高壹萬貳千石
外貳千三百九拾壹石八斗七合二勺四才　込高
百拾七石六斗八升六合　新田高

合高壹萬四千五百九石四斗九升三合二勺四才

五ヶ年平均

正租米四千七百五十石七斗二升八合八勺五才六扎

金貳千五百四十四兩壹分二朱

永三百七十七貫七十四文八分五厘九

雑稅米二百五石二斗六升八合八勺

金十二兩壹朱

永六十二貫五百三十一文三分八厘

戶數

神社　十三社除地之分自餘不分明

寺院　十一寺除地之分自餘不分明

士族　七十三戶　卒族　五十八戶　外ニ四戶士族卒族之內

穢多　非人

人員　三百七十二人男二百壹人　女百七十一人
社家　寺院
士族男百三十二人　女百四十二人　卒族男六拾五人　女二十九人　外ニ四人士族卒族之内
穢多　非人
兵員七人司令官以下役々　三十人兵士　外ニ農兵四十五人

○吉井藩

高一萬石
外高千四百九拾四石二斗九升八合三勺　込高
合高一萬千四百九拾四石二斗九升九合三勺
五ケ年平均
正租　現米千九百八拾貳石壹升四合貳勺八才
（此庚午六月調ニ據ル）金千三百六拾五兩三分ト永百四文六分四厘
雜稅　金貳拾五兩ト永六拾九文六分貳厘

正租雜稅合（現米千九百八拾二石一升四合二勺八才
金千三百九拾兩三分永百七拾四文二分六厘

戶數　百十一戶 士族卒給祿之分自餘不分明
神社　佛閣
士族　八十一戶 給祿之分自鈴不分明
卒族　三十戶　同上
穢多　非人
人員百十一人 士八十一人 卒三十人 自餘不分明
神社　佛閣
士族　八十一人　卒　三十人
穢多　非人
村數
兵員不分明

○高松藩

○草高拾貳萬石
外
込高
込高新田高改出高　八萬五千三百八拾七石壹升四合
　別
込高　四萬千七百三十一石九斗八升
新田高　四萬三千六百五拾五石壹斗六合
（以下四行原朱書）
正税　巳年調
　米九萬八千二百六十二石壹合
　麥九千六百六十二石九斗五升三合
雜税　金二萬千三百五十一兩三分
〆貳拾萬五千三百八拾七石壹升四合
（朱印地　九百七十五石九斗一升三合）

（除地　二千六百九十六石一斗一升九合）

五ヶ年平均高不詳

戸數　七萬貳千五百八十二戶

神社　二百八十九座

寺院　三百四十七戶內家來十戶　尼　三戶

士族（七百壹戶）　卒族　四千四百八十六戶

社家　二百四戶內家來十五戶

平民　六萬三千八百七十戶

修驗　百二十一戶

穢多　九百三十戶　非人　三百四十六戶

人員三十萬五千一百九十一人

士族壹萬百二十二人內男五千百三十三人　地士千八百六十三人　女四千九百八拾九人　地士千七百人

卒族壹萬七千八百五十一人男九千三百四十八人內土著之帶刀人千三百六十三人　女八千五百三人內土著之帶刀人之分千三百十五人

平民貳拾六萬八千二百三十八人 男十三萬八千七百九十八人 女十二萬九千四百四十人

社家千十六人 男五百三十人内猪熊雅夫家來二十八人 女四百八十六人内猪熊雅夫家來之分三十五人

僧　千七百十一人 男千二百二十八人内法然寺家來四十四人 女四百八十三人内法然寺家來之分二十三人

尼　四人

穢多四千二百九十三人 男二千百七人内僧十人 女二千百八十六人内僧之分十二人

非人千四百七拾九人 男六百六十六人 女八百十三人

兵員庚午十一月ノ調ニ據ル

二千百五十三人

三百三十八人　藩士 一等ヨリ九等迄　二百四十二人　藩士子弟 右同

十八人　士分並　四人　右同子弟

千五百五十壹人　輕卒

歩兵　四拾小隊　但一小隊兵四十名諸役員右之外

砲兵　四隊　但ボート八門ヲ以一隊トス

○高田藩

草高拾五萬石
（外）込高新田高四千百四石一斗五升八合
合高拾五萬四千百四石一斗五升八合
正租　米九萬四千三百八拾二俵ト三斗八升五合二勺
大豆百三拾五俵ト一斗四升三合
（正租之内金二萬九千九百八兩三分一朱ト錢三百七十五文）
雜税　米千三百七拾俵ト二升八合六才
金六千六百兩三分二朱錢九百文
（以下三行原朱書）
社寺除地　高千四百六十石四斗五升一合
社寺領　千五百六十九石八升八合
外ニ朱印地社百五十四所寺四十二寺
戶數　三萬一千四百二十二戶

神社　千四百七社　寺院　五百五十七寺
士族　六百九軒　卒族　千二百三十八戸
社家　九十一軒　修驗　二十三軒
穢多　三百六戸　非人　三十戸
人員十六萬八千七百七十六人男八萬二千百七十人女八萬六千六百六人
士族　四千三十二人男千九百四十七人女二千八十五人
卒族　四千四百三十九人男二千二百六十二人女二千百七十七人
社家　五百九人男二百五十八人女二百五十一人
僧　二千二百九十二人男千二百九十一人女千人
平民　十五萬五千五百六十九人男七萬五千四百四十人女八萬百二十九人
穢多　千六百八十八人男八百四十五人女八百四十三人
非人　百四十六人男七十三人女七十三人
村數　百三十四ヶ村

兵員
二百四十八人兵隊役人　三百八十四人兵士　七百六十八人兵卒

○高崎藩

草高八萬二千石
外　八千五百七十三石五斗四升壹勺込高新田高改正高野高海高
合高九萬五百七十三石五斗四升壹勺
正租　米三萬二千六百五十三石五斗八升七合五勺八才
永壹萬千八百八十九貫六十九文六分三厘
金千八百十九兩壹分貳朱
錢千七百三貫三百九十三文
雜稅　米四十五石九斗三升三合七勺三才
永二百三貫六百五十三文五分貳厘壹毛
金千百八十二兩貳朱

錢三百四十五貫貳百四十九文

合　米三萬貳千六百九十九石五斗二升壹合三勺一才

永壹萬二千百貳貫七百貳拾三文壹分五厘壹毛

金三千壹兩貳分

錢貳千四拾八貫六百四拾六文

產物稅　金四百九十兩貳分錢三貫九百文）

戶數貳萬零九百七十二戶

神社　五十八社（庚午十月調ニ據ル / 同九月調ニハ百十座トアリ）

寺院　三百三十寺（右ニ同シ / 同九月調ニハ二百六十寺トアリ）

士族　千四百四十四戶（庚午九月調ニ據ル）

卒族　貳百壹戶

社家　四十九戶

佛堂　四十七戶　修驗　三十八寺

平民　壹萬八千五百三拾戸　内十六戸紀州出稼
座頭　瞽女
醫師　檢校
山伏　渡守　拾壹戸　盲人　穢多　二百六十四戸
人員九萬七千五百五十八
士族　貳千八百拾五人　男千四百五人　女千四百拾人
卒族　千貳百五拾壹人　男七百拾人　女五百四十一人
社家　貳百貳拾貳人　男百五人　女百十七人
寺院　四百六拾人　男三百五十六人　女百四人
僧尼俗男女貳百貳人　内　僧六十四人　男百二十九人　尼壹人　女八人
修驗　九人
平民　九萬一千六十六人　男四萬六千二百三人　女四萬四千八百六十三人　內紀州出稼　男百七人　女四十八人
座頭　六拾五人　瞽女　四十一人

醫師　二十八人　檢校　一人
山伏　二十八人　渡守　六十六人男三十六人女三十人
盲人　四人　神子　壹人　尼　四人
穢多　千二百八十七人男六百九十三人女五百九十四人　午九月二日調ニ據ル
村數　九十三ヶ村
兵員　七百三十五人兵士兵卒　三百六十二人　農兵

○館林藩

草高六萬石
外高五萬三千八百五拾壹石七斗壹升九合五勺　込高
合高拾壹萬三千八百五拾壹石七斗壹升九合五勺
五ヶ年平均
（以下五行原朱）
以巳年調改正
正租　米一萬二千三百三十七石三斗六升六合八勺二才

雑税　米千八百貳十六石五斗六升壹合壹勺
永二百三十四貫五百九十六文壹分七厘三毛
鐚二百十五貫九十八文

戸數　壹萬五千八百六十八戸

神社　百五ケ所午十月調ニ據ル

寺院　二百九十寺無住百二十一ケ寺

士族　二百九十三戸　卒族　六百拾八戸

社家　四十三戸

平民　一萬四千五十一戸

修驗　十八戸　尼　四戸辛未正月調ニ據ル

煙亡　拾九戸同上　穢多　四百六戸辛未正月調ニ據ル

非人　二十一戸同上

人員　七萬五千五十七人男三萬七千八百五十九人　女三萬七千百九十八人

士族　千五百貳拾五人　男七百四十一人　女七百八十四人

卒族　二千九百八十人　男千四百四十六人　女千五百三十四人

社家　一百四十三人　男九十一人　女五十二人

修驗　九十四人　男三十七人　女四十七人　俗十人

平民　六萬七千五百八十九人　男三萬四千四十四人　女三萬三千五百四十五人

寺院　六百五十四人　僧三百二十七人　俗百二十五人　女二百二人

尼　四人　辛未正月調ニ據ル

煙亡　八十九人　男四十八人　女四十一人　同上

穢多　千八百四十五人　男九百二十五人　女九百二十人

非人　百三十四人　男六十五人　女六十九人

村數　百貳十五ヶ村　町數　拾八ヶ町

兵員　兵士百七十八人　兵卒六百三十七人

内　一小隊四十八人ニシテ都合十六小隊

外ニ
役人七十四人　旗手十八人 喇叭生四十四人 内役人四人
大炮　六門此人員四十六人
兵隊合八百拾四人
在職二百十三人　無役二百六十四人（在職無役ハ平士チイフ兵士ニアラス）

○大聖寺藩

草高八萬石
三拾三石七斗三升　籠高
三千七百三拾八石三斗三合　新田高
五ヶ年平均
正租　米貳萬六千四拾五石五斗五合七勺八才
錢三萬貳千三百五拾四貫八百貳拾四文
産物及雜税　山中木地　茶　糸　絹　九谷陶器　油
錢壹萬四千七百拾五貫五百六拾文

戶數五萬五千九百十五戶

神社　百九十四社　午六月十八日調ニ據ル

寺院　四十九戶　午四月調ニ據ル

（華族　四人　男一人　女三人）

士族　四百六十九戶　卒族　二百六十五戶

社家　十戶　午四月調ニ據ル　宮守　八戶　同上

平民　五萬四千九百十一戶內村方四萬八千五十戶　町方六千八百五十六戶　革屋五戶

山伏　四戶　午四月調ニ據ル　穢多　五戶　午三月調ニ據ル

人員四萬八千七百三十六人　男三萬四千二十七人　女二萬四千七百九人

士族　二千三十七人　男九百八十一人　女千五十六人　午十一月四日調ニ據ル

卒族　二千百八十四人　男千四百八十人　女七百人　同上

社家
宮守　七十六人　男四十人　女三十六人　午六月調ニ據ル

寺院　三百十六人 男二百五人 女百十一人 午四月四日調ニ據ル

平民　四萬四千五十九人 男二萬千二百八十六人 女二萬二千七百七十三人 午十一月調ニ據ル

山伏　十九人 男十三人 女六人 午四月三日調

穢多　四十五人 男十八人 女二十七人 午三月十二日調

兵員　六百六十八人　二大隊

内

百八十八人　隊長以下鼓手迄

四百八十人　銃卒

但一小隊二十伍以上六小隊合ゟ一大隊編制

九十八人　一砲隊

内 三十四人 隊長以下鼓手等迄
六十四人 砲手

但八門ヲ以一砲隊編制

外ニ銃隊砲隊共一大隊充餘分御座候得共未全備不仕候ニ付追々編制之上

可申上候

○館　藩

草高三萬石

外高壹萬三百八拾貳石壹升六合四勺　込高

小以高四萬三百八十二石壹升六合四勺

内　高九千七百十九石四斗五升六合　岩代國伊達郡七ヶ村
高三萬六百六十二石五斗六升四勺　羽前國村山郡四十一ヶ村

正租金九萬千七百五十一圓　渡島國福山江指沖口收納

米千九百五十二石八斗九升四合九勺五才岩代國梁川本途見取高

金貳百七十八兩永九百五文壹分同前半石永納七石代定金納

此米千九百五十二石八斗九升四合九勺五才

米六千八百七石七斗八升二合九勺羽前國東根本途見取高

金壹萬七千三百兩　四季下賜金

雜稅金千八百四十兩　渡島國福山江指市在小物成

米百三石四斗七升七合　岩代國梁川小物成米方
永二百八十五貫四百十五文　同前　永方
米四百六十九石五升五合五勺羽前國東根小物成米方
永二百十八貫二百拾文五分　同前　永方
荏拾六石三斗四升二合　同前
此代米八石壹斗七升壹合
米九千三百四十壹石三斗八升壹合三勺五才
〆金十一萬千六百八十一兩永六百拾文六分

諸産物及諸税數調書

渡島國福島津輕檜山爾志四郡産物

一鯑類　鰯粕　昆布　魚油　鰑　雜魚類　材木

同諸雜税

一金千八百四拾八兩

右ハ四郡川々魚漁運上海濱立網運上諸職人諸商人質屋糀屋酒屋醬油
屋等之諸税凡〆高如斯但巨細帳之儀賊有中紛亂急速取調兼候ニ付追
而差上可申候
岩代國伊達郡七ヶ村産物
一蠶種　同糸　眞綿　輕目絹
同諸雜税
一永二百八十五貫四百十五文　内譯略之
一米百三石四斗七升七合
內
米九拾七石六斗四升五合　口米
同五石八斗三升二合　夫米
羽前國村山郡四十一ヶ村産物
一烟草　楮　山桑　粟　麥　大豆　小豆　蕎麥　小麥　蠶　生糸

青苧　桑　紅花　麻　荏　菜種　纖箕

同諸雜稅

一永二百十八貫二百十文五分　內譯略之

一米四百六十九石五升五合五勺

內

米十八石三斗六升七合　傳馬宿入用

米三十三石六斗八升三合　六尺給米

米二百六石五斗五升二合　夫米

米二石二斗七升　草山年貢

米三石九斗五升　草野年貢

米二百四石二斗三升三合五勺　口米

一荏十六石三斗四升二合　荏納

此代米八石壹斗七升壹合

庚午五月

戸數壹萬六千二百六十八戶

神社　九社社數別ニ記載ナシ社家給祿ノ分チ以テ掲ク社家ノ戸數チ以テ計レハ二十社ニ

寺院　百十一戶

士族　八百八戶　卒族　八百四十八戶

社家　二十戶　修驗　六十一戶

平民　壹萬四千四百拾壹戶

人員七萬九千七百九十貳人男四萬貳百二十三人 女三萬九千五百六十九人

士族　五千七百三人男二千七百七十人 女二千九百三十三人

卒族　三千五百五十九人男千七百七十九人 女千七百八十人

社家　百二十二人男六十八人 女五十四人

僧　修驗　四百五十九人男四百十人 女四十九人

平民　六萬九千九百四十九人男三萬五千百九十六人 女三萬四千七百五十三人

庚午六月調ニ據ル

兵員　福山常備歩兵　三百七十二人　同豫備歩兵　四百四十七人

右人員之内十小隊ヲ以一大隊ニ編制之時有司如左

大隊司令壹人　軍監二人　總嚮導二人

左翼嚮導一人　鼓長一人　輜重方二十八人

同常備砲兵　六十一人　同海岸常備大砲掛　七十八人

外ニ器械方　三十人　製造方　三十人　築造方　二十八人

江指常備歩兵　百四十八人　同常備砲兵　二十人

合千二百四十九人

○高　鍋　藩

草高貳萬七千石

此實高　五萬九千九百九十二石七斗九升三合

內

貳萬七千石　成高
貳萬三千百五十五石貳斗壹升六合　改出高
九千八百三十七石五斗七升七合　新高

正租
米壹萬三千九百五十六石五斗二升八合三勺
大豆千六百九石四斗七升壹合
錢四千九百十一貫四百六十一文

雜稅
米六百五石八斗六升八合四勺
大豆百五石貳斗九升五合五勺
大麥四百壹石四斗壹升五合
金七十六兩壹歩貳朱
錢壹萬六千六百八拾五貫三百三十五文

諸產物稅金
生蠟　椎茸　紙　牛馬皮　炭　鹽　苫　材木　鰡魚

此税金百三十八兩

戸數九千四百九十九戸

神社　三百八十貳戸　佛閣　七十八戸

士族　四百三拾八戸　卒族　千七百八戸

社家　百四拾軒　修驗山伏　六拾六戸

平民　六千六百三拾戸

穢多非人　五拾七戸

人員四萬三千三百四十四人 男二萬二千二百八十七人 女二萬千五十七人

士族　貳千九拾七人 男九百九拾七人 女千百人

卒族　七千四百貳十八人 男三千八百十六人 女三千六百四人

社家　六百九十八人 男三百六十九人 女三百二十九人

寺院　百三十九人 男百十人 女貳十九人

修驗山伏　貳百三拾六人 男二十八人 女百八人

平民　三萬二千五百拾人 男壹萬六千七百三十四人 女壹萬五千七百七十六人

穢多非人　貳百四十四人 男百三十三人 女百十一人

兵員

蒸氣船　壹艘　號千秋丸　但長十四間　幅貳間半　十四人乘

銃兵 士族卒中ヨリ撰用ス　五小隊　但一隊六拾四名　外ニ役司八名

大砲　壹隊　但砲六門　諸役十三名　砲手五拾四名

○高槻藩

草高　三萬六千石

外 高二千五百七拾五石六斗貳升九合九勺 増高込高共
高百八十五石貳斗五升貳合 新田改出高

合高三萬八千七百六拾石八斗八升壹合九勺

正租 五ケ年平均　現米壹萬八千七百拾四石貳斗六升五合貳勺 免五ツ壹分六毛内

此十分一　米千八百七拾壹石四斗貳升六合五勺

雜稅　米千三百四拾七石七斗七合

錢三千七百貳拾九貫六百八十八文　品々小物成

小竹貳百七拾貳束

樫木小丸太三拾本

戸數　四千六百貳拾貳軒

人員　貳萬千五百五拾八人内 男一萬七百三十人 女壹萬八百貳拾八人

（外ニ）

（町家數四百六十三戸　人員千六百五十九人 男七百六十四人 女八百九十五人）

士族戸數三百九十五軒　卒百九十二戸

（兵隊百八十人

内 二小隊　士族百二十人　一小隊　卒六十人　〆三小隊）

士卒　二千三百貳拾八人内 士千四百四十五人 卒八百八十三人 内 士男七百十五人 士女七百三十人 卒男四百三十七人 同女四百四十六人

神社　六十九社　佛閣　百六十八軒

穢多非人　六百七十八人

村數　七拾九ヶ村

（外ニ烟亡　五十六軒　人員　二百三十四人 男百八人 女百二十六人）

○龍野藩

草高四萬八千九百六拾貳石貳升三合　播磨之内

高八百六拾九石壹斗二升三合　新田

草高貳千百貳拾七石貳斗六升　美作國之内

込高三百三拾三石壹斗壹升六合

合高五萬貳千二百九拾壹石五斗貳升貳合

正租　貳萬五千四百四十九石六斗九升七合 内 七百三十五石七升二合 大豆納 二百九十九石五斗二升五合 餘納

雜税　米貳千貳百九十六石四斗四升七合

金百七兩貳分

戸數　壹萬八百三拾三軒

人員　四萬七千二百四十八人 内 男二萬四千百五拾一人 女二萬三千九十七人

神社　三百六拾六社　寺　八十四宇

士族　貳千七百九十六人　士戶數四百九十四軒内男千二百九十三人　女千五百三人

卒　五百四拾人　卒戶數貳百拾貳戶内男三百四十二人　女百九十八人

穢多　非人

（兵隊

士族兵隊二百七十八人　卒同二百十九人　農兵百七十二人）

○田邊藩

領知高　三萬七千六拾五石九斗九升六合

外二千三百石四斗四升五合八勺四才　新田

合高三萬九千三百六拾六石四斗四升壹合八勺四才

正租　米壹萬五千三百拾石三斗貳升七合八勺

雜稅　米拾五石八斗四升貳合四勺

（產物稅　五千五百三拾五兩貳朱）

銀三百三拾三貫貳百六拾匁九厘

藩士兵卒戸數　八百十壹軒 内 士族戸數三百七拾二軒 卒戸數三百四十六軒 小者戸數九十三軒

（惣戸數　一萬二千五百四十壹軒）

（人口　五萬五千七十六人 男二萬八千百二十六人 女二萬六千九百五十人）

藩士卒人員　三千拾三人

内 士族 男六百八十壹人 女七百五十九人　卒族 男五百九十人 女五百七拾壹人　小者 男貳百十四人 女百九十八人

神社　百八十八社

社家戸數　拾四軒　人員五十八人 内 男貳十七人 女三十壹人

寺院　百拾貳軒　人員三百貳人 内 男二百貳十人 女八十貳人

農工商戸數　壹萬千十壹軒

同人員　四萬八千八百三拾人 内 男貳萬五千六人 女貳萬三千八百貳十四人

穢多鉢坊主戸數　五百九十三軒

同人員　貳千八百七拾三人 内 男千四百五人 女千四百六拾八人

合　戸數　壹萬貳千五百四十壹軒

人口　五萬五千七十六人内男貳萬八千百貳拾六人女貳萬六千九百五十人

（兵員五小隊　二百五十人

外ニ百五十人　當時練磨中）

○高島藩

草高　三萬八十七石五斗九升

外新田高　壹萬五千八百三拾四石六斗七升一勺

合高　四萬五千九百二十二石二斗六升一合

五ヶ年平均

正租　米壹萬五千八十二石三斗八升二勺二撮

雜稅　米千三百七十七石貳斗九合三勺八撮

大豆百六拾九石七斗四升七勺二才

産物

生糸　湖水魚

諸税二千百五拾七両

村數　八拾四ヶ村

戸數　壹萬二千四百五軒

人員　五萬九千九百廿六人内男三萬千六百十二人　女二萬八千八百八十八人

士族戸數三百三拾六軒　人員千九百三十三人内男九百八十九人　女九百四十四人

卒小者迄戸數　八百七十六軒　人員三千七十八人内男千六百七十四人　女千三百九十六人

神社　百五拾八社　寺　七拾一

穢多非人戸數　三拾六軒　人員　二百十二人内男百十五人　女九十七人

（以下七行原朱書）
（兵士　二百二十二人　兵卒　二百四十人

合四百六十二人

銃隊八小隊　大砲四門　但役員共

在職　二百二十人

但無定員之役員モ有之候間時機ニ依テ増減可有御座候

無役　九拾三人
但老幼幷役員兵隊其外總テ之豫備臨時助役等申付候）

○高遠藩

草高　三萬四千九百九拾九石四斗四升九合一勺
内
高八拾九石一斗三升　込高
高千八百二十石三斗壹升九合一勺　新田改出高
五ヶ年平均
現米一萬五千二百二十四石二斗二升九合五勺
外ニ永　七貫四百六十七文五分
正租　米一萬五千二百二十四石二斗二升九合五勺
永七貫四百六拾七文五分
雑税　米六十三石四升

金七百三十八兩一分
錢千九十三貫五百三十七文
産物諸稅　金八百七十五兩二分
銀六匁一厘一毛
平民戸數　八千八百九十二軒　人員四萬五千九十六人内男二萬三千八百八十九人 女二萬千二百七人
士族戸數　二百五十九軒　人員千二百五十人内男六百十二人 女六百三十八人
卒戸數　二百四十五軒　人員千二百四十九人内男六百二十三人 女六百二十六人
穢多戸數　二十三軒　人員　二百四十四人内男百二十一人 女百二十三人
非人戸數　十三軒　人員　四十四人内男二十二人 女二十二人
神社　五百五十社　佛閣　九十六ヶ寺
（以下三行原朱書）
（兵員　七百七十八人
○一本如此
八小隊　内兵士四小隊各一小隊人員四十人
兵卒四小隊　役員百二十人）

○鶴田藩

草高　三萬六千百八拾九石七斗七合
　高貳萬四千八百十石九斗貳升三合　御藏渡リ
　合高六萬千石（一本御藏渡リ高幷合高ナシ）
正租　壹萬七百七十七石三斗八升二合壹勺六才
雜稅　米千百九十壹石壹斗壹升三合四勺
　永七十九貫百五文壹分四厘
士戶數　五百四十六軒
人員　貳千五百六十九人　內男千二百三十四人、女千三百四人
卒戶數　三百七十五軒
人員　千四百一人　內男七百三十五人、女六百六十六人
戶數　六千貳拾壹戶
人員　貳萬八千貳百壹人　內男壹萬四千九百貳拾七人 女壹萬三千二百七十四人
（穢多非人　戶口不記）
神社　四十六　寺院　二十五

郡　五郡　村數　百拾三ヶ村

（歩兵八小隊一小隊五十六名
外ニ教導以上役々八十二名

砲兵一分隊十五名）

○高取藩

草高　二萬五千二百廿八石九斗二合九勺六才

此取米八千三百八十四石八斗二合

此譯

米　三千七百四石四斗七升九合　三分一金納

米　四千六百八十石三斗二升三合　米納

外

米　九石六斗二升五合　新田畑井池床定成見取

米　四拾石六斗九升　無役

米　三百三十八石五斗六升　山年貢

米　四十三石二斗七升　藪年貢

米　二百五十一石五斗四升四合　口米　但取米壹石ニ付三升宛

合米九千六十八石四斗九升一合

内六百八十三石六斗八升九合　諸税

平民戸數　四千百十一軒　人員　一萬八千四百廿人（男九千六十四人 女九千三百五十六人）

士族戸數　百四十二軒　人員　五百七十六人（内男二百六十七人 女三百九人）

卒戸數　三百拾壹軒　人員　千三百五十五（内男六百八十三人 女六百七十二人）

穢多戸數　二百四十七軒　人員　千六百四十五人（男八百四十三人 女八百二人）

（煙亡　九軒　人員　五十一人（内男二十四人 女二十七人））

神社　百十七　寺　百五十

村數　八十ヶ村　郡數　五郡

（兵員　四小隊（役員二十八人 鼓手四人）　兵隊百貳十人

大炮　二門（役員煩手共十四人）

○棚倉藩

草高六萬石

正租　米七千四百貳拾壹石貳斗三升七合七勺九才

永千九百五拾八貫百八拾壹文七分九厘

雜税　米千百六拾六石九斗六升三合八勺

永三百四拾三貫貳百六拾五文六分壹厘

金貳拾七兩三分銀貳匁五分七厘五毛

錢千百貳拾三貫八百四十四文

（社寺領　五百十石）

外

出目米

五百四十貳石七斗三升二合二勺

俵作込米

五百拾六石三斗壹升五合

冥加米 百九拾壹石九斗四升六合二勺

華族十九人 内男七人 女十二人 此數不合

戸數 五千貳百四十三軒 内神社三百六十一 寺院百八十六

人員 貳萬六千七百五十六人 内男壹萬三千七百七十一人 女壹萬二千九百三十一人

（穢多十七戸 人員百七人 男五十四人 女五十三人 非人六戸 人員二十九人 男十六人 女十四人）

士族戸數六百八十九 人員三千百四十五人 内男千四百六十六人 女千六百七十九人

卒 戸數二百三十三 人員六百八十六人 内男三百七十一人 女三百十五人

（兵隊 一大隊三百七十三人 一礮隊 七十三人

外ニ役々惣〆五百二人）

○高梁藩

草高貳萬石

内

高八百五拾四石六斗貳升五合七勺 田畑永荒引 新田畑共

高八百七拾壹石貳斗貳升六合九勺 年々繼田畑荒引 但同斷

高貳千百四三十壹石九升八合
小以〆高四千百五十六石九斗五升六勺　違作ニ付御用捨引　五ヶ年平均全壹ヶ年分
殘高壹萬五千八百四拾三石四升九合四勺
此取米七千二百三十貳石七斗八升壹合四勺　是迄庚午之調
五ヶ年平均　是ゟ辛未再調
正租　八千五百拾九石九升貳合七勺
内　米八百六拾三石三升三合三勺　庚午御届之節調落之分
雜稅
米六拾石八斗五升二合壹勺　石八兩立テ
内　米貳拾四石六斗三升六合三勺　今般精調相増分
產物
檀紙　稲扱　百二十駄　薪　一萬四千七百束
葉烟草　千九百三十丸　刻烟草　八千五百五十樻

右五品無税

諸税

金百九十五両壹分壹朱　永六文四分

平民（戸数　五千八拾軒
　　人員　貳萬貳千三人内男壹萬千貳百九十三人
　　　　　　　　　　　女壹萬七百拾人）

神社　七百三拾七社　佛閣　九十八ヶ寺

士卒

［付箋］内男女
（士族戸数三百六十九　人員千七百廿六人男八百三十二人
　　　　　　　　　　　　　　　　　　　女八百九十四人
　卒戸数三百七十二　人員千貳百三十一人男六百十二人
　　　　　　　　　　　　　　　　　　　女六百十九人）

穢多戸数貳百拾五軒　穢多人員八百六十六人内男四百七十一人
　　　　　　　　　　　　　　　　　　　　　女三百九拾五人

非人

（歩兵　二小隊　但一小隊六十人ツヽ

役員（外ニ）　二十三人
大砲　二門　（炮手役人共十六人）

○多度津藩

草高壹萬石
　（外ニ）四千拾八石六斗七升六合　延高新田改出共
合高壹萬四千拾八石六斗七升六合
　内引千百六拾七石三斗八升四合六勺　永捨年限捨共
　（刎歩ニ）殘ヲ一萬三千八百五拾一石二斗九升一合四勺
五ヶ年平均
正租　米六千八百九十八石四斗一升一合六勺
　　　（石ニシテ六千八百九十八石四斗壹升壹合六勺）
　　　（四斗俵）一萬七千二百四拾六俵一升一合六勺
雜稅　金千五百八拾九兩一分

錢拾八貫八百四十九文

總戸數　四千九百拾二軒

同人員　貳萬千六百八十七人

神社　三百五十七社

寺　二十八軒　庵　六十五軒

士族　三百七拾九人　内男百七十四人 女二百五人

卒　八百八十四人　内男四百九十一人 女三百九十三人

穢多戸數　四十九軒　人員　百二拾一員　内男六十三人 女五十八人

（社家　六軒　人口　四十八人 男二十二人 女十八人）

（山伏　十二軒　人口　三十人 男二十人 女十八人）

非人竈數　五軒　人員　五拾九人 内男三十人 女二十九人

（兵員　六拾五人士族兵隊　二百四十八人卒族等外兵隊

三百五人　内　五十五人役員）

○高須藩

（華族　五人男一人
女四人）

草高　三萬石

改出新田高百五拾四石五斗三合

總高三萬百五拾四石五斗三合

五ヶ年平均

正租　現米五千七百九拾七石三斗五升二合

口米四百五石七斗四升四合

雜税　現米二百七十五石五斗九升三合

口米拾九石二斗九升二合

合現米六千四百九拾七石九斗八升一合

（社寺朱印地　五十九石

同除地　五十二石）

平民戸數　四千四百八十軒
平民人員　二萬三千三百五十三人　内　男一萬千八百二十九人　女一萬千五百二十四人
社家　三十二軒
寺　七十一ヶ寺　（人員二百十七人　外ニ境内ノ者十軒　人員男十三人、女十七人）
（神社　七百七十社　社人　二十六戸　男子八十人　女子七十九人）
士族　千二百三拾一人　内　男五百八十人　女六百五十一人　戸數二百八十二軒
卒　千二百二十一人　内　男六百四十七人　女五百七十四人　戸數二百九十軒
穢多戸數　十三軒　人員　百四人　男六十人　女四十四人
非人戸數　十四軒　人員　百五人　男五十四人　女五十一人
郡　三郡　村數　六十九ヶ村
税金　貳百五拾三兩三歩壹朱ト永三十五文六分
此𪜈川魚　生糸　眞綿　税
（兵隊役掛リ共　百四十八人　卒兵隊　六十二人）

○田原藩

草高　壹萬貳千七拾貳石四斗三升

外高貳千八百七拾八石貳斗五升壹合　改出高

同五千貳百貳拾八石貳斗六升四合　新田高

正租雜税　現米五千六百五石四斗八升二合六勺三才
永千四十二貫七百七十二文九分六厘

產物諸税　金千百七十八兩二分二朱ト錢壹貫百四拾貳文

藩中戶數　百八十五軒

藩中人員　八百九十四人（内男四百貳十四人女四百七十人）（士族二百七十八人、女三百二十人 卒百四十六人、女百五十人）

平民戶數　四千三百拾七軒

人員　貳萬千七百五十貳人（内男壹萬八百三十八人 女壹萬九百拾四人）

神社　貳百四十八社

佛寺　六十九寺（内百七十六人僧 三十六人女）

穢多　（二十戶　人員八十人（内男四十九人 女三十一人））

（非人戸數八戸　人員三十二人男十五人女十七人）
村數　二十四ヶ村
（社家　六軒内十四人男十三人女）
（兵員　士卒隊　二小隊　農卒隊　一小隊
　但一小隊五十人ツヽ、合百五十人）
（華族　十二人男五人女七人）

○丹　南　藩河内國之内下野國之内

草高　壹萬千七石五斗九升四合三勺七才
（二ヶ處合算）
正租　米六千四拾壹石九斗六升四合
　永百四拾貳貫八百文五分六厘
諸產物　（二ヶ所ノ租税ヲ合算ス）
木綿　正租之内ニテ年々多少有之
織物　昨辰年分三萬六千六百六十壹反

同断二ヶ所合算

諸税　米八十七石七斗四升五合
　　　永貳十二貫四十壹文
（社領　十石）
戸数　千七百九軒
人員　七千八百七十八人内男三千八百四十五人　女三千九百六十七人
（原書）士卒戸数合併　百九十戸
神社　四十一社
寺　四十八宇（僧五十九人、下男四人）
（以下五行原朱書）
（士族　百廿九人
卒族　百三十四人　家族男百八十四人　女三百九十七人
社家　六軒　人員　二十六人内男十二人　女十四人
庵三ヶ所
外ニ非寺里　十六人内男九人　女七人）

穢多　三十八人 男十八人 女十二人　戸數六軒
村數　二十六ヶ村
（華族　三人 男三人）
（藩士隊　役員六人　藩卒隊　役員七人右人員ヲ載セス）

○龍岡藩 信濃國 三河國

信濃國支配地高辻幷雜稅
高壹萬二千九拾三石六斗壹升二合
五ヶ年平均
米三千七百拾石六斗壹升三合
金拾八兩壹分貳朱ト永百六文壹分　小物成
三河國支配地高辻幷雜稅
高四千百八拾五石六斗八合
平均

米千四百貳拾三石八斗三升五分四勺
米五斗九升三合　雜稅
錢四貫四百文　同斷
四口
合米五千百三拾五石四斗壹合四勺
金拾八兩壹分貳朱ト永百六文壹分
錢四貫四百文
(寺領三十五石七斗七升四合
二十六石三斗六升
二十石)
士族戶數　百十二軒　同人員　四百六十八人內男二百二十二人女二百四十六人
卒戶數　六拾五軒　同人員　百八十九人內男九十六人女九十三人
夫卒夫人　七十貳人

平民戸數　二千九百七十八軒
同　人員　一萬二千五百五十九人 内 男六千四百五十四人 女六千九十六人
神社　十三
寺院　四十九　人員 僧七十七人 女十四人 下男四人 坊守十一人
修驗院　八ヶ所　人員 修驗九人 女九人 男八人
村數　六十三
產物　生糸　卵紙　人參　右無稅
（兵士　一小隊 四十三人　農兵　二十二人）

○多古藩

拜領高壹萬貳千石
外込高新田改出高
高貳千百七拾三石一斗二升六合三勺六才
五ヶ年平均

正租　米貳千二百四拾二石五斗二升七合二勺七才　米納

米貳百三十八石五斗五升九合九勺四才

此代永六百九貫九拾三文

米二百二拾一石六斗四升三合九勺

此代永三百二拾二貫百五拾六文八分三厘

永百三十八貫九百二十五文五分

此米三百四十七石三斗壹升三合七勺五才

永四百三十四文一分六厘　永方

内

米二千九百六石七升四合二勺　米納

米五百四十九石三斗五升九合　定石青東石代永納

此代永百一貫七百七十文八分

米五百四十九石三斗五升九合　永納兩ニ三石七升二合替

此代永百七拾八貫八百二十七文八分　永方
永二百七十四貫七百拾五文六分
雑税
米二百九十三石八斗四升八合二勺
永百二十八貫四百二文四分一厘八毛
錏九百六文
永二貫百六十五文
米二十九石二升二合六勺
此代永七拾五貫九百七拾五文八分
米十二石六斗二升壹合
此代永三拾一貫七百五十八文九分三厘
米三拾一石一斗三合
此代永七貫九百四十二文五分四厘
大豆一石八斗三升二合

此代永四貫四百九十文二分
（一本）（以下九行原朱書）
正租
高米貳千七百二石七斗二升八合六才
永五百七十六貫貳百六十九文六分六厘
雜税
米三百六十六石五斗九升四合八勺
永百三十貫七百三文三分一厘八毛
永四貫四百九十文貳分
大豆一石八斗三升二合（代兩ニ四斗八合）
村數　十八村
戸數　千四百六十八軒
人員七千二百四十一人（内男三千七百六十五人 女三千四百七十六人）

舊幕府朱印地　十五石

神社　四十二社　（社家　十軒）

寺　四十八ヶ寺　修驗　十軒

士卒　五百一人内男二百六十八人　女二百三十三人

穢多戸數　不詳　人員五人内男三人　女二人

非人戸數　不詳　人員十人内男五人　女五人

（華族　五人男三人　女二人）

（常備兵員　平章隊　一小半隊　役人　十二人

大礮　一門　役人　三人　礮手　七人）

○田原本藩

草高壹萬一石八斗三升八合一勺七才四

五ヶ年平均

正租　三千五拾三石三斗八升三合三勺三才

永六貫五百文

雑税　金百十九兩二分
戸數　千二十七軒
人員　三千九百四拾二人内男千九百十四人　女二千廿八人
神社　一社　寺　二拾二ヶ寺
士族　二百六十三人内男百三十五人　女百二十八人（士戶數六十五戶）
卒　百五十八人内男百十人　女四十八人（兵卒戶數五十二戶上卒同十八戶　下卒同二十貳戶）
穢多戸數　拾軒　人員　四拾人内男十九人　女廿一人
非人戸數　七軒　人員　三十六人内男十五人　女二十一人
（兵隊　一小隊人員七十人）

○館山藩

草高壹萬石
外貳千三百拾九石一斗四升四合七勺込高新田高共
合高壹萬二千三百拾九石一斗四升四合七勺

（社領七十三石二斗二升）
（寺領三百石二斗四升九合）
外ニ
（空地　六十間四方）

正租　米三千二百九拾八石五斗五升三勺二才
永千三拾三貫五百五拾四文六分三厘
但永方之儀五ヶ年平均拂米相場を以兩ニ壹斗九升三合九勺替を以米ニ直シ候分
此米二百石四斗六合二勺四才

雜稅不詳

村數　五拾ヶ村

戶數　三千五百二拾六軒

人員　二萬三千二百二人　内男一萬千四百九十二人　女一萬千七百拾人

社　九ヶ所　人員　七十八人　内男四十人　女三十八人

寺　九十六ヶ寺　内無住四十一軒　僧八十人

修験　五軒　人員　三拾四人内男十六人女十八人
陰陽師　二軒　人員　拾一人内男六人女五人
西宮恵美須大夫配下壹軒　人員　七人内男三人女四人
堂　六十六軒内無住五十四軒　人員　十三人
士卒戸數　百四十軒　内士族七十九軒卒六十壹軒
人員　四百三十三人内士族九十八人卒百十人女百九十人女三十五人
穢多非人不詳
(兵隊　第一小隊　四十五人士二十人卒二十五人
　第二小隊　四十五人士二十人卒二十五人)
(華族　三人男二人女一人)

○高岡藩

草高　壹萬貳千拾六石五斗四升貳合七勺但新田共
正租　米三千八拾四石五斗壹升三勺九才

永三百貳拾貫六拾八文四分壹厘二毛

（一通　大豆九石六斗　小物成）

雜稅　永七貫貳軒五拾文

戶數　千五百五拾八軒

人員　七千九百三十五人内男三千九百貳十七人 女四千八人

士卒戶數　士六十八軒 卒十六軒

同人員　士二百六十三人 卒四十三人　（士族男百二十七人、女百三十六人 卒男二十七人、女十六人）

（外ニ兵卒　七十人　雜卒　七十人　但農籍）

神社　五十六

寺　三十一

村數　三十三

（以下十二行原朱書）

（穢多非人不詳）

華族　五人男三人 女二人

「附箋」

一本
高壹萬三百二十九石貳斗八升九合七勺七才
此五ヶ年平均高
米貳千五百九石貳斗七升九合七勺七才
永貳百八十三貫百六十九文三分七厘五毛
大豆九石六斗
　下總國支配所
　三郡之内廿九ヶ村

高千六百八十七石貳斗五升貳合三勺
此五ヶ年平均
米八百五十六石貳斗壹升八合八勺
永四十五貫五百七文壹分八厘
　上總國
　二郡之内四ヶ村

○高富藩

拜領高　壹萬石
外高三百八十石四斗八升九合貳勺　込高
正租　米二千八百九十八石貳斗貳合六勺四才
永三百拾八貫四百五拾九文六分八厘
雜税　米貳石七斗貳升
永拾四貫三百七十四文
（以下十一行原朱書）
（此巳年調ニ据ル）

一　通　但未年八月調

高　壹萬石

外
三百八十石四斗八升九合二勺　込高改出高

合一萬三百八十石四斗八升九合貳勺

此正租

現米三千八十一石三斗九升九合壹勺

永貳百九十二貫七百四十文三分六厘

外雜稅

現米百貳石三斗壹升六合

永七十五貫九十三文（三分三厘）

士卒　士戶數七十軒　人員三百六人　男百四十六人、女百六十人
卒戶數四十軒　人員五十五人　男四十六人、女九人

庶人　戶數千三百五十二軒　人員六千百人　內　男三千六十三人　女三千三十七人

社戶數　八軒　人員　四十五人　內　男拾八人　女貳拾七人

寺庵戸數　四拾六軒　人員　六十九人内男四十五人女二十四人
修驗戸數　八軒　人員　二十六人内男十二人女十四人
瞽女戸數　貳軒　人員　貳人
隠戸數　五軒　人員　拾八人内男十壹人女七人
穢多非人戸數　貳拾五軒　人員　八拾七人内男五拾壹人女三十六人
（兵隊　三小隊　砲兵　二車　合百九十九人）

○田安藩 攝津和泉播磨甲斐下總之内

總高　拾萬千七百九十九石貳斗五升五勺五才
外高千九百貳拾石八斗六升三合八勺　新田
正租　現米三萬九千九百七十石八斗三合六勺六才
永七百貫六百六十九文五分
雜税　米貳千四百貳拾七石五斗壹升三勺
永六百六十三貫九百九拾八文壹分八厘

士族戸數　千貳拾五軒　同人員　五千四十五人 内 男貳千四百貳拾壹人 女二千六百貳十四人

卒族戸數　三百拾八軒　同人員　千百九十九人 内 男六百五十壹人 女五百四十八人

一季抱戸數　貳十軒　同人員　百九十四人 内 男六十壹人 女三十三人

合戸數　千三百六拾三軒

人員　六千四百三十八人 内 男三千二百三十三人 女三千二百五人

神社　三百拾（人員三百六拾四人 男貳百十人 女百五十四人）

寺院　四百五十八（人員千百三十人 男九百十六人 女二百十四人）

村數　二百四十

戸數　壹萬七千八百貳軒

人員　八萬四千七百四十三人 内 男四萬貳千百七十六人 女四萬貳千五百六十七人

（兵隊　兵士　兵卒　七百二十一人）

○園部藩

草高　貳萬六千七百拾壹石壹斗六升六合

外ニ
壹萬千六百三拾二石五升一合三勺　新田開改出高
合三萬八千三百四拾三石貳斗一升七合三勺
内
貳千四百貳十四石六斗三升九合七勺　永荒無地高引
殘三萬五千九百拾八石五斗七升七合六勺　正有高
五ヶ年平均
正租　米八千百九拾一石四斗八升三勺九才
米三千九百六十七石六斗九升八合二勺
此穀代金二萬九千三百五十六兩一分　金納高
永四十三文三分
合一萬二千百五拾九石一斗七升八合一勺九才
雜稅　米二千七百四十九石六斗四升二合三勺一才
此穀代金一萬九千百六十四兩一分
永五十三文二分

（以下五行原朱書）

（除地社寺

一石一斗九升

一石六斗七升二合七勺）

（高二十八石四斗六升一合八勺六才

雑税内調落之分）

總米合壹萬四千九百八石八斗二升九勺　正物成

戸數　七千五百十一軒

人員　三萬四千百八十三人 内 男一萬七千四百三十一人 女一萬六千七百五十二人

社寺　二百十七宇　社人　三十五人

僧尼　百九十三人

士族戸數　二百拾七軒　人員　八百二十九人 内 男四百三十三人 女三百九十六人

卒戸數　四百八軒　人員　千六百五十五人 内 男八百六十五人 女七百九十人

穢多非人　不詳

（以下五行原朱書）
（兵隊　大隊長一人　督文武事　軍監二人　士族小隊長二人　武教頭七人　卒族小隊長六人　車礟長一人　士族半隊長二人　卒族半隊長六人　武助教九人　武庫司二人　士族伍長八人　卒族伍長廿四人　中等戰士三十六人　下等戰士四十二人　鼓手十二人　上卒銃手四十人　中卒銃手百廿六人　下卒銃手八十四人）

○曾我野藩

草高　壹萬石

下野國　高四千七百八十五石五斗九升一合八勺

正租雜稅納高

米金合テ　五百三十五石六斗六升八合五勺

河内國　高五千二百六十五石一斗二升一合

正租雜稅納高

米金合テ　二千四百六十四石七斗四升三合五勺

兩州合而　三千石四斗一升二合余

戸數　千七百九十四軒

人員　壹萬六百十二人

内
神社　七十二社　寺　二十九ヶ寺

穢多　無之

華族　六人内男三人女三人

士戸數　六十九軒　士族　百七十人内男八十一人女八十九人

卒　二十八軒　卒　九十九人内男八十一人女十八人

非人　六十一人内男三十六人女二十五人

（以下四行原朱書）

（平民一萬二百三十五人男五千百五人女五千百三十人

社務人　十二人男六人女六人

僧　二十九人　尼　無之

（兵隊　百六十六人

藩制一覽表第四

○津　藩

草高　貳拾九萬九千三百三十四石八斗一升八合
高　三拾貳萬三千九百五拾石貳合
新田高延高込高共　三萬四千七拾壹石貳升五合
内五萬三千石外ニ五千六百八拾六石二斗九合久居江内分引
殘而貳拾七萬九百五拾石貳合
外ニ新田高延高込高共　貳萬八千三百八十四石八斗一升六合
正稅　現石拾貳萬四千九百六石壹斗二升壹合子年ヨリ辰年迄五ケ年平均
金貳拾二兩二歩九毛貳絲
雜稅　現石千五百四十四石九斗八升壹合右同斷五ケ年平均

金四百拾五兩三分四厘九毛二糸壹拂

合米　拾貳萬六千四百五拾壹石壹斗二合

金四百三拾七兩五歩五厘八毛四糸壹拂

此米八拾七石五斗壹升二合　但金十兩ニ付米二石替ノ見込

合十二萬六千五百三十八石六斗一升四合　是迄十月之調

戸數　五萬貳千五百十三軒

人口　貳拾四萬七千六百八拾二人

内 士族　七千九百十七人　男三千八百六十三人　女四千五十四人

内 郷士族　六千八百八十九人　男三千四百七十七人　女三千四百十二人

内 卒族　千九百五十六人　男千六百四十六人　女三百十人

内 御陵守　二十八人　男十八人　女十人

社務人　六百九十八人　男三百四十二人　女三百五十六人

僧　千三百三十六人　男九百四十一人　女三百九十五人

尼　五拾二人
穢多　九千九十八人 男四千五百七拾人 女四千五拾四人
非人　千五百六十四人 男八百二人 女七百六拾二人
神社　千百二拾二社
寺　千二百四拾七ヶ寺
村數　五百七十九ヶ村
蒸氣船　一艘　帆用船一艘 幷運用船
兵卒　千六百四拾七人

是迄庚午十一月十三日書上

是二ヶ二月之調

○津山藩

草高　拾萬四千五百七拾六石九斗壹升三合
高　拾萬石
込高新田高改出高　四千五百七拾六石九斗壹升三合
正租　米四萬千九百六拾七石四斗五升八勺 子年ヨリ辰年迄五ヶ年平均

雜稅　米九百拾四石六斗四升七合八勺

金四百九両壹歩壹朱永四文八分二厘（己巳十一月調之分）

諸運上　金四百七十九両一分一朱永十三文九分

米四萬二千八百八十二石九斗五合六勺

金千八百八十八両永六百四十三文七分二釐

戸數　二千六軒

人口　八千百十一人（男三千八百四十六人　女四千二百六十五人）　巳十一月調

外

士族戸數　三百六拾四軒

同　人口　千六百六十六人（男七百九十五人　女八百四十一人）

卒族戸數　百六拾三軒

同　人口　六百四拾人（男三百拾五人　女三百九十三人）

兵隊一大隊　但一小隊六拾人外ニ役司四拾人　大砲四門（四十八人　役司十六人）

社家戸數　三拾三軒　同人口　八十四人（男四拾六人　女三拾八人）

寺　百七拾八ヶ寺

庵　四拾壹ヶ所　人口二百八拾四人（僧二百二人 下男八拾二人）

寺長屋　六拾四軒　人口百六十八人（男九十人 女七十八人）　是迄巳十一月調

穢多非人　戸數　九百五軒　人口四千五百三十五人（男二千四百十六人 女二千百十九人）

（銃兵一大隊　六百人　大礮隊　四十八人　外ニ役司　十六人）

○津和野藩

草高　七萬五千六拾石六斗四升八合九勺

壹萬八千三百八拾五石壹斗四升七合九勺（亥年ヨリ卯年迄五ヶ年平均引石高）

貳萬六千七百七拾石五斗二升六合九勺二才（同收納高）

戸數　壹萬五千九百拾八軒

人口　六萬八千六百七拾九人（男三萬六千百拾三人 女三萬二千五百六十六人）

内（士族人口　九百六拾七人（男四百七十八人 女四百八十九人）

同　戸數　二百十九戸）

卒族人口　三千二百九十二人　男千八百九人　女千四百八十三人
同戸數　千十八戸
外ニ穢多人口　五百八十四人　男三百十二人　女二百七十二人
同戸數　百十七戸
神社　貳百四十六社
社家　九十四軒　同人口　三百九十五人　男二百十五人　女百八十人
寺院　百貳拾ヶ寺　人口　四百八拾人　男三百二十壹人　女百五十九人　是迄正月書上
兵隊編制　六小隊　每隊五十人　合三百三拾人

○土浦藩

草高　拾壹萬八拾三石四升四勺
高　九萬五千石
込高新田改出高　壹萬五千八拾三石四升四勺
高　千五百九拾三石六升三合七勺　無地高

内
高四石九斗　斗代違高
高三拾四石六斗二升五合　檢地減高

正稅　米貳萬四千二百六拾二石壹斗壹升五合
永四千七百四拾七貫八百九拾文五分五厘九毛

右之定免　米三萬千百九拾石四斗壹合八勺
永四千九十六貫八百文四分八厘　是迄庚午十月十日書上

戶數　壹萬三千五十三軒

人口　七萬二千二百七十七人　男三萬六千六百七十六人　女三萬五千六百一人

神社　三百七十八社

寺院　三百十九ヶ寺　人口三百八十三人　男三百十五人　女六十八人　是迄巳年十一月調

兵士卒　千四百十四人　農兵　三百六十八人

士族　二千七百九十六人　男千二百九十四人　女千五百二人
戶數　五百十三軒

卒族　千百八十六人　男六百八十四人　女五百二人

戸數　四百四十一軒

穢多非人戸數　二百壹軒　同人口　千百八拾人（男六百十一人 女五百六十五人）

村數　百七十八ヶ村

兵隊　大隊二隊（士七小隊 卒五小隊）　此兵五百八十六人

鼓隊　三十四人　工兵　四十六人　彈藥方 醫藥方　四十四人

合七百十八人

外ニ農兵三小隊　遊兵三十四人泉州作州陣屋ニアリ

○鶴舞藩

草高六萬九千六百貳拾四石六斗九升三合六勺六才新田込高共

甲子ヨリ戊辰マテ平均

（巳年ノ分）正租米貳萬三千六百貳拾六石四斗九升貳合三八

（以下四行原朱書）本草高六萬九千七百二十四石八斗四升九合九勺五才ナリ辰九月移封ノ

節替高五百十五石五斗三升二合四勺六才不足

巳七月四百十五石三斗七升六合一勺七才ヲ受取リ全ク殘リ不足高百石壹斗五升六合二勺九才ナリ即チ本文ノ高ナリ

（午年調米二萬三千四百六十八石八斗四升六合三勺八才
鹽チ記セス金以下雜税等ハ巳年ニ同シ）

鹽百四十九石七斗壹升三合

金三分

永三千七貫三百四十文八分三厘四毛

錢百三十三貫貳百七拾九文

銀拾貳匁五分四厘

雜税米貳百九十四石九斗五升九合六勺

金三拾貳兩

永百四拾五貫三百九十六文四分四厘

錢六拾四貫七百七拾文

銀壹貫百三拾九匁壹分八厘

合現米貳萬三千九百貳拾壹石四斗五升壹合九八
　鹽百四十九石七斗壹升三合
　金三拾貳兩三分
　永三千百五拾貳貫七百三十七文貳分七厘四毛
　錢百九拾八貫四拾九文
　銀壹貫百五拾壹匁七分貳厘
○受領高五百九石貳斗貳升　五社 廿五ヶ寺
　此五ヶ年平均
　　（但一本ニハ二金十七石五斗九升一合二勺四才但金以下ハ全ク同シ）
　正租米貳百貳拾四石貳升九合四勺八才
　　金三兩壹歩貳朱
　　永貳拾三貫五百六拾貳文九分六厘九毛
　　錢七拾三貫八百八拾六文
　雜税米三斗三合貳勺五才

金貳朱
永四拾五文六分
錢貳百文
合現米貳百貳拾四石三斗三升貳合七勺三才
金三兩貳分
永廿三貫六百八文五分六厘九毛
錢七拾四貫八拾六文
戶數壹萬三千五百十四戶
內
士族戶數貳百十九戶　卒族戶數五百五十七戶
社家三十七戶　○社領壹戶
寺三百拾壹ヶ寺　○寺領百五十九戶
長吏拾七戶　穢多三十四戶　非人六十七戶
人口六萬三千八百五十八人 男三萬二千三百三十七人 女三萬千五百貳十壹人

内

士族人口千百八拾八人内男五百四十六人 女六百四十二人
卒族同　貳千百三十六人内男千六十五人 女千七十一人
社人同　百八十九人内男九十四人 女九十五人
○社領同　拾人内男七人 女三人
寺同　四百四十八人内男四百四十七人 女壹人
○寺領同　七百三十人内男三百七十六人 女三百五十四人
長吏同　九十四人内男五十五人 女三十九人
穢多同　百四十六人内男八十六人 女六十人
非人同　二百十八人内男百十九人 女九十九人
社數三百三十貳社
村數シレス
（船艦不記）
（知事家族四人男一人 女三人）

（振武隊 百六十九人 役員廿人　壯進隊 二百廿四人 役員二十二人
先進隊 二百十二人 役員廿四人　砲隊 三十人 附屬卅人 外ニ八人
合七百三十七人）

○鶴牧藩（支配表高一萬五千石）

草高壹萬九千九百九石四斗七升三合貳勺五才 込高共
正租米八千八百九拾五石八斗五升四合三勺 甲子ヨリ戊辰マテ五ヶ年平均
永三百四拾六貫八百四拾四文壹分六厘
雜稅永百拾貫八百七拾文五分四厘
○受領高貳拾五石貳斗 壹社二ヶ寺
五ヶ年平均
正租四石壹斗ト永壹貫七百八拾貳文
戸數四千七百五拾七戸

内
士族百拾四戸　卒族百壹戸　寺七拾五ヶ寺
人口貳萬五百八十六人 内 男壹萬五百六十三人 女壹萬六十四人
内
士族人口五百六十壹人 内 男貳百七拾三人 女貳百八十八人
卒族同　三百四拾壹人 内 男百九十三人 女百四十八人
社人同　六拾壹人 内 男三十五人 女二十六人
寺同　六十五人　僧（無住十ヶ寺）
修驗同　三人　陰陽師　貳人
神尾　五人　坐頭　貳人
神社十九社
村數六十四ヶ邨
（兵隊三小隊 一小隊四十人）
（知事家族不記）
（船艦不記）

○名古屋藩（尾州濃州江州攝津之内一本此上信濃筑摩ノ内ヲ加フ）

高八拾五萬三千貳百拾五石三斗貳升九合八勺
（庚午六月調ニ据ル）
內

壹萬石　今尾藩知事返知之分

四萬七百三拾五石六斗八升五合　諸引高

壹萬九拾七石五斗四升八勺　石川太八郎所務高

壹萬三千四百八拾五石壹斗八升七合　山村甚兵衛 千村平右衛門 毛利源內 所務高

殘高七拾七萬八千八百九拾六石九斗壹升七合

租納貳拾六萬千貳百五拾石三斗九升九合

此八分出

外數貳拾八萬貳千百五拾石四斗三升壹合
八分出ト申譯ハ租税壹石ニ付八升迄米ニテ相納ル仕來ニ有之升數ニ取直シ候節右之寄合ヲ相唱候義ニ候事

高壹萬石　尾州濃州之內今尾藩知事ゟ返地高調帳之面

内
　七百六拾六石壹斗六合　諸引高
殘高九千貳百三十三石八斗九升四合
租納貳千五百九十八石七斗九升三合
此八分出
　升數貳千八百六石六斗九升六合

反別壹萬千百六十四町九反五畝七歩
尾州濱州三州
江州信州之内　見取反別調帳之免
内
　千貳百八十八町五反貳畝七歩六厘　引地
　千三百十壹町三反四畝二十四歩　荒地
殘反別八千五百六拾五町八畝五歩四厘
　稅納八千九百六拾九石三斗三升五合

此八分出
升數九千六百八十六石八斗八升貳合
現米貳萬六千貳百九十四石貳斗六升壹合　諸產物及雜稅
合現米三拾貳萬九百三拾八石貳斗七升
外
高壹萬三千四百八十五石壹斗八升七合　山村甚兵衛千村平右衛門毛利源内所務高調帳之面
租納三千八百四石三斗九升三合
此八分出
升數四千百八石七斗四升四合
高壹萬九十七石五斗四升八勺　石河太八郎所務高相分不申候
士卒戸數八千六百五拾軒　内士族二千五百二十軒　卒六千百三十軒
同人員四萬九千三百四十人
内士族一萬五千六百四十四人　男七千六百二十九人　女八千十五人
卒三萬三千六百九十六人　男壹萬七千八百四十四人　女壹萬五千八百五十二人

平民戸數　十九萬二千百七十七軒

内修驗　貳百七十二院　社家　八百十壹軒

寺院　二千四百三十八寺

穢多　五百十八軒

非人乞丐　千五百三拾壹軒（人口六千一人 男二千八百七十三人 女三千百二十八人）

同人員　八十四萬八百九十六人 男四十二萬五十五人 女四十二萬八百四十壹人

内僧　五千六百六十三人　尼 八十六人 女千九百貳拾人

修驗　千百八十三人 男六百三十九人 女五百四十四人

穢多　二千五百九ヽ十九人 男千三百十一人 女千二百四十八人

社家　四千七百九十三人 男二千三百人 女二千四百九十三人

神社　四千九百七十八社

（以下八行原朱書）

（平民之内）

農　十五萬七千三百十九戸

人員　七十二萬四千五百六十九人内男三十六萬八百九十九人女三十六萬三千六百七十人

商　二萬八千六百三十四戸

人員　九萬千二百八十五人内男四萬三千三百四十七人女四萬七千九百三十八人

堂　四百八十八宇　人員　七百三十一人内僧九十八人尼六百三十三人

陰陽師　八十八戸　人員　三百七十三人内男百九十二人女百八十一人

兵隊　十五大隊（七千二百人）

○中津藩　豊前三郡　備後三郡　筑前一郡

高拾萬石

五ヶ年平均物成高

米五萬四千三百五十四石四斗四升五合七勺

金貳百三拾八兩永五百四拾六文

内

正租　米四萬六千三百拾石五斗五升八合五勺八才

金百八拾貳兩永八百七拾七文
同貳萬貳百七拾九兩永六百五拾文

雜税　米貳百九拾四石壹斗九升四合九勺貳才
　　金五拾五兩永六百六拾九文
　　同六百八拾五兩永三百五拾文

戸數　貳萬七百六拾七軒

人員　九萬八千五百四十貳人

内

士卒雜人共　千五百貳拾三軒

同　人員　七千百三十三人　男四千五十五人　女三千七十八人

社家　百七十軒　同　人員　九百五十六人　男五百貳拾貳人　女四百三十四人

寺院　二百貳拾七寺　同　人員九百五人　男五百七十八人　女三百二十七人

神社　二百八十七軒

（兵隊　士千五十九人　卒八百七十八人　炮隊）

○中村藩

高八萬三千八百九石壹升四合九勺

現米三萬六千四百貳拾三石六斗九升八合五勺

内

貳萬九千三百九拾七石壹斗四升貳合八勺　文久三亥年ゟ慶應三卯年五ヶ年平均正租

同六千九百三十五石壹斗七升七合三勺　士族幷社寺鄕士等地形ニテ相渡シ置候分五ヶ年平均

同九拾壹石三斗七升八合四勺　雜稅納

戶數　九千六百三拾八軒

人員　六萬三千八百九拾三人

内

華族　八人　男三人　女五人

士族　戶數千九百三十七軒

人員壹萬三千四百五十三人男六千六百七十人　女六千七百八十三人
卒　戸數五百五拾四軒
人員三千四百二十六人男千七百三十九人　女千六百八十七人
社務　戸數六拾七軒　人員四百六十七人男二百三十五人　女二百三十二人
修驗　戸數百貳拾四軒　人員四百六十七人男二百三十五人　女二百三十二人
僧　戸數百拾四軒　人員三百拾一人男二百六十人　女五十一人
穢多　戸數五軒　人員五拾六人男三十六人　女二十人
非人　戸數拾五軒　人員百拾七人男六十二人　女五十五人
神社　百五坐
郡　三
（以下四行原朱書）
（農　六千四百八十戸　人員四萬三千三百五十五人内男二萬二千三十五人　女二萬千三百二十人
工　百戸　人員五百九十五人内男三百五人　女二百九十人
商　二百四十三軒　人員千三百七十四人内男七百十八人　女六百五十六人

兵隊六百二十七人)

○長尾藩

草高　四萬石
外込高　壹萬二百五十五石二斗二合二勺七才
五ヶ年平均
正租　米一萬二千五百三十九石二升八合五勺四才
　　永二千三十九貫百六十九文六分四厘六毛
雜稅　米千八百二十三石五斗七升四勺一才
　　永千四十九貫七百三十五文八分一厘二毛
　正租雜稅共〆米一萬四千三百六十二石五斗九升八合九勺五才
　　永三千八十八貫九百五文四分五厘八毛
產物稅米千八百卄三石五斗七升四勺壹勺
　　永四十九貫七百三十五文八分壹厘二毛

戸數　一萬二千二百七十五軒

人員　七萬八百五十八人内男三萬五千五十六人 女三萬五千七百九十四人

外猿牽　三軒　人員　十四人内男九人 女五人

長吏　七軒　人員　四十七人内男二十五人 女二十二人

社家　八十九軒　人員　三百九十八人内男二百九人 女百八十九人

寺　三百三十三所　堂四拾九ヶ所　人員　三百二十人

寺領百姓戸數　二百八十二軒　人員　千四百八十二人内男七百廿人 女七百六十二人

士族　三百拾人

右家族男二百六十三人 女六百二十六人

卒族　二百六十八人

右家族男百十三人 女四百三十人

兵卒　百五拾三人

右家族男三十一人 女百三十一人

穢多非人　不分明

○長岡藩

草高二萬四千石
五ヶ年平均
現米　二萬二千九百九拾三俵三斗八升七合七勺
雑税現石　六百拾四石三斗五合二勺
戸數
内
士族六百七軒　華族一軒
卒　千百二十二軒　在方三千九百一軒
町方千八百十三軒　社家十軒
寺　八十ヶ寺　穢多二軒
人員

內
華族　八人男三人
女八人
士族　三千百七十三人男千五百八人
女千六百六十五人
卒　五千五十二人男二千四百五十六人
女二千五百九十六人
在方　壹萬八千四百六十人男九千三百二十人
女九千百四十人
町方　八千二百四十二（マヽ）人男三千八百八十八人
女四千三百五十二人
社家　四十一人男二十二人
女十九人
僧　二百二十三人同家族下人男十三人
女百六十九人
穢多　十五人男七人
女八人
社　八社

○長島藩

伊勢國桑名郡ノ內長島幷新田
支配地總高
高壹萬八千三百壹石七斗壹升八合
內

貮千七百七拾壹石九升貮合五勺壹才　込高

四百貮拾八石九斗六升四合　無地高　川先新田大風高波ニテ切入當時亡所

七拾三石壹斗八升八合

貮千八百貮拾貮石七升壹合五勺　永引　水損場ニ付入土地直重田埋込年賦引

貮千貮百八拾七石九斗八升三合

小以　八千三百八十三石貮斗九升九合壹才

差引當時

正殘高九千九百拾八石四斗壹升八合九勺九才　上總國周准郡之内

高六千八百九拾三石六斗五升七合六勺　支配地總高

内　五百六石九斗五升四勺七才　無地高

正高六千三百八拾六石七斗七合壹勺三才

正高〆壹萬六千三百五石壹斗貮升六合壹勺貮才

平均

正税　壹萬八千九拾八俵壹斗五升八合貳勺貳才
雜税　米貳百四拾四俵貳升八合
　　　金五百拾八兩三分拾壹匁七分九厘
戸數　千六百五拾三軒伊勢國支配地之內
　內
　千五百八十六軒　農　六十七軒　商
人員　八千七拾人
　內
　七千七百九拾四人　農民譯男三千八百貳十九人女三千九百六十五人
　貳百七拾六人　商民譯男百三十七人女百三十九人
社家　壹軒　人員　男貳人女壹人
寺院　貳拾七寺　人員　百四拾貳人內僧八十貳人女六十人
草庵　拾軒　人員　拾五人內僧四人尼十一人
修驗　壹軒　人員　男三人女壹人
非人番　七軒　人員　三十四人內男十八人女十六人

穢多　三十軒　人員　百三十三人内男六十四人女六十九人
戸數　千四拾七軒上總國支配地之内
人員　五千六百四人内男貳千七百八拾貳人女貳千八百貳十貳人
寺院　貳拾壹ヶ寺　僧侶　五拾八人
戸數　百五軒寺領之戸數
人員　四百九拾四人内男貳百五十五人女貳百三十九人
士族戸數　百四拾七軒　人員　六百五拾貳人内男三百拾七人女三百三十五人
卒　戸數　百貳拾三軒　人員　五百貳人内男貳百五拾五人女貳百四十七人
輕卒戸數　三十八軒　人員　五十三人
神社　八座

○成羽藩

草高
高　壹萬貳千七百四拾六石貳斗七合三勺壹才此免五ヶ年平均三ッ五厘四毛四弗余

現米　三千八百九拾三石二斗四升六合

諸産物　炭　大豆 小豆　石炭　煙草　實綿　筏

現米　百貳拾七石七斗五合　諸稅幷運上冥加金共

戶數　三千五百拾四戶

人口　壹萬六千六百拾九人　男八千四百九十三人 女八千百二拾六人

内 平民　三千三百九十三戶　人口　壹萬六千百五十八人　男八千二百四十人 女七千九百十八人

士族戶數　八拾壹戶　同人口　三百八拾九人　男百九拾二人 女百九拾七人

卒族戶數　六拾九戶　同人口　三百七拾三人　男二百十八人 女百五十五人

社家　貳拾三軒　同人口　百貳拾九人　男七拾一人 女五拾八人

寺　貳拾七ヶ寺　同人口　三拾貳人　男二十八人 女四人

穢多戶數　六拾貳軒　同人口　貳百九拾三人　男百四十七人 女百四十六人

村數　二十六ヶ村

（兵隊　七十八人）

○苗木藩

草高
高　壹萬四千七百八拾石九斗二合二勺
現石　四千四百三拾四石貳斗七升六合
外ニ　米四百八拾貳石壹斗壹合三勺　舊領地ヱ從前貸付米利足
合　米四千九百拾六石四斗七合三勺
戸數　三千九百五拾五軒
人口　貳萬三千七百四拾八人　男壹萬二千四百二十五人　女壹萬千三百二十三人
士族戸數　百拾二軒　人口　六百八人　男三百十二人　女二百九十六人
卒族戸數　七拾六軒　人口　三百三拾三人　男百七拾九人　女百五拾四人
穢多非人戸數　貳拾貳軒
人口　百七拾壹人　内穢多人口拾八人　男九人、女九人　非人人口百五十三人　男八十二人、女七十一人
社家戸數　貳拾貳軒　同人口　九拾六人　男四拾四人　女五拾二人

寺院　拾五宇　僧員四拾四人但尼幷妻帶之寺院無之
村數　三十三ヶ村
（兵隊　一小隊　外ニ生兵五十人精選シテ後隊列ニ加フ）

○七日市藩

高壹萬拾四石
草高　壹萬千百拾三石貳斗八升　但新貢共
内米三千七拾八石四升貳合三勺五才
永千八百貳拾二貫四百二十五文六分六厘六毛
正稅　米貳千百三拾八石六斗八升貳勺甲子ヨリ戊辰迄五ヶ年平均
永千七百四十六貫百三拾七文壹厘七毛
爲米貳百拾八石貳斗六升七合三勺三才
合貳千三百五拾六石九斗四升七合三勺三才
雜稅　百五石四斗四升貳勺甲子ヨリ戊辰迄五ヶ年平均

正納雑税　百三拾貳石三升五勺三才

正納小雑税代　金八拾壹兩三分貳朱銀壹分七厘壹毛

合　貳千六百四石六斗七升九合八勺七才

戸數　千六百四拾軒

人口　六千四軒七拾二人（男三千四百五十七人　女三千拾五人）

社　貳拾五社　社家　五軒　神職五人

寺　貳拾軒　僧拾九人　堂　壹軒　道心壹人

庵　三軒　山伏　二軒　山伏二人

村數　拾八ヶ村

（兵卒　百七十四員）

○村上藩

草高七萬七千六百五拾三石貳升貳合

内　五萬九拾石八斗八升　本高

貳萬七千五百六拾貳石壹斗四升貳合　新込田高

安政六己未ヨリ文久三癸亥マテ五ヶ年平均顧濟ニヨリテ五ヶ年平均安政ヨリ癸亥マテヲ用ユ

現米　貳萬八千九百六拾三石七升九合

同断雜稅　千六百七拾九石四斗九升

〆三萬六百四拾貳石五斗六升九合

内六百七拾貳石七斗九升壹合　大豆荏其外諸代米引

殘　貳萬九千九百六拾九石七斗七升八合

諸雜稅金詰　金壹萬千五百三拾四兩永百八拾六文八分五厘

產物　五ヶ年平均

酒七百五拾石八升五合

此代錢六萬六貫八百文

但酒造役米三拾貳石壹斗七升貳合雜稅之内へ調入

五ヶ年平均

鮭魚　貳萬八百本

此代錢六萬五百六拾貫文　但運上金四千兩雜税之內へ調入有之

明治二巳年取調高

茶　貳拾七萬貳千六百六拾斤

此代錢拾貳萬千八百七拾三貫九百三拾貳文　但役錢三千貫文雜税ノ內へ調入有之

戸數　壹萬四千六百拾五軒

人員　八萬三拾四人

內

士族三百七拾三軒　人員千八百三拾八人　內男八百五拾貳人　女九百八拾六人

卒　三百六拾五軒　人員千七百七拾人　內男八百四拾四人　女九百二十六人

社家拾九軒　人員九拾八人　內男四拾五人　女五拾三人

寺　百三拾貳軒　人員五百六拾五人　內僧三百六拾貳人　男五人　女百九拾八人

百姓壹萬三千五百四拾二軒

人員七萬四千七百六拾九人内男三萬六千八百九拾四人 女三萬七千八百七拾五人

道場五軒　人員廿六人内僧十二人 男二人 女十二人

修験三拾軒　人員百廿六人内男五十九人 女六十七人

穢多 渡守 非人百四拾九軒　人員八百四拾貳人内男四百拾四人 女四百廿八人

神社　五百貳拾七社

郡　三岩船　蒲原　三島　村　百九十一

（兵隊　二小隊一小隊六十人　外ニ未編制三小隊）

○村松藩

草高　三萬貳石九斗壹升

外高九千百拾貳石四升壹合込高新田改出高トモ

合　三萬九千百拾四石九斗五升壹合

五ケ年平均

現米　貳萬百二十五石六斗五升貳合二勺七才

内 正租 二萬五拾二石九升三合六勺七才
　 雜税 七拾三石五斗五升八合六勺

正租　現米貳萬五拾貳石九升三合六勺七才

雜税　米七拾三石五斗五升八合六勺

支配地諸役銀　金三百拾五兩三朱

諸産物運上金トモ　錢三千七百四拾三貫六百八拾貳文

産物　鉛　茶　木綿縞　生糸　狗背　砥石

戸數　士族　三百六拾七軒

卒　四百五拾七軒

百姓　六千七百十六軒

社人　拾七軒　寺　六拾三軒

山伏　三十壹軒　庵　四軒

惣計　七千六百五拾五軒

人員　士族　千七百八十五人 男八百四十六人 女九百三十九人

卒　貳千百貳人（男九百九十壹人　女千百十壹人）

百姓　三萬貳千六百九人（男壹萬六千四百六十七人　女壹萬六千百四十貳人）

社人　百拾人（社人三十三人　女五十六人）　俗男廿壹人

僧　貳百拾八人（僧百七拾四人　女四拾貳人）　内二人俗男

山伏　百五十貳人（山伏五十六人　女七十三人）　俗男廿三人

庵　四人（行人貳人　尼貳人）

合　三萬六千九百八拾人

外

非人戸數　貳軒　穢多戸數　廿六軒

合　貳拾八軒

非人人員　八人（男三人　女五人）　穢多人員　百九十六人（男百四人　女九十貳人）

合　貳百四人

總計　三萬七千百八拾四人

神社　三百三十五社

村數　百廿九ヶ村　郡　未詳

（淵龍隊　八小隊四百八十人　虎嘯隊　三小隊百八十人

禦侮隊　三小隊百八十人　方來隊　一小隊五十六人

大礮隊　五十人　中軍　七十五人

斥候隊　三十二人　遊軍　四十九人

合千百二人）

○邨岡藩

草高　壹萬千石

外拾石四斗七升貳合八勺　辰年新田高

合高壹萬千拾石四斗七升貳合八勺

五ヶ年平均

正租　現米三千六百廿八石貳斗九升五合五勺

內

千八百石　米納
千八百廿八石貳斗九升五合五勺　金納
五ヶ年平均
畠方雜租　貳百四十九石三斗三升四合
此錢六千貳百九拾壹貫四拾文
同前
雜税（桑地畝地及山川）　錢貳千六百四拾貫廿八文
錢千百七拾四貫六百拾四文　夫錢
合米三千六百貳拾八石貳斗九升五合七勺
錢壹萬百五貫六百八拾貳文
產物　生糸　眞綿　牛
右税金ナシ
戶數　士族　七拾貳軒　卒　八拾貳軒

百姓　貳千九百三拾七軒
神職　五軒　寺院　拾貳軒
村外番人　九軒　穢多　三十八軒
合計三千百五拾五軒

人員
士族　三百四人（男百四十五人　女百五十九人）
卒　貳百四十七人（男百廿六人　女百廿壹人）
百姓　壹萬四千八百四十四人（男七千七百四十四人　女七千百人）
神主　五人　巫女　八人
僧　拾八人　一向宗家族　六人（男三人　女三人）
村外番人　四十八人（男廿四人　女廿四人）　穢多　百八十八人（男九十五人　女九十三人）
惣計壹萬五千六百七拾人

社寺其外除地除免高
神社　貳石三斗三升壹合七勺

寺院　六石八升七合九勺

郡　一七美郡　村　七十三ヶ村

（兵隊　二小隊四十八人六十人）

○六浦藩

草高　壹萬千九百九拾九石九斗九升九合六勺

外高四千五百八拾四石六斗九升八合八勺八勺　込高新田打出高

合高　壹萬六千五百八拾四石六斗九升八合四勺

五ヶ年平均

正租　現米二千三百六拾五石七斗三升二合九勺

永千五百七十五貫八百四拾五文壹釐

雜税　米拾五石三斗四升四合

同　永九百八十八貫四百七十三文八分

合高二千七百一石六斗一升六合七勺五才　物成高

但永納ノ分石八兩ノ相場ヲ以テ現石ニ直ス

戸數　貳千三百六十貳戸

人員　壹萬二千八百四十八人

戸内

士族　七拾九戸　卒　八戸

平民　貳千百三十五戸　社家　廿貳戸

寺院　四十三戸　修驗　七戸

穢多　六十六戸　非人　貳戸

人内

士族　三百廿四人　内　男百四十五人　女百七十九人　卒　四十六人　内　男四十人　女六人

平民　壹萬千八百九十九人　内　男六千十二人　女五千八百八十七人

社人　百五人　内　男五十五人　女五十人

僧　六十五人　内　男六十二人　女三人　修驗　四十三人　内　男廿三人　女貳十人

穢多　三百四十七人内男百七十六人 女百七十壹人　非人　拾九人内男十二人 女七人

外ニ華族　壹戸　三人内男二人 女壹人

郡村　郡數　六　村數　三十

（銃兵一小隊六十人外ニ役司九人）

○宇和島藩

草高　拾萬石（込高等未詳）

五ヶ年平均

正租　現米四萬七千八百七拾八石三斗貳升貳合

雜稅　三萬六千三百六十九兩貳分貳朱

永　五拾貳文七步貳釐六毛　壹石金八兩之積リ

此石四千五百四十六石貳斗九合七勺壹才

石惣計　五萬貳千四百二拾四石五斗三升壹合七勺壹才

產物　泉貨紙　三萬三千束　中漉紙　七百束

下漉紙　壹萬七千束　半紙　七萬八千束
中保紙　四萬二千束　蠟　百萬斤
茶　七千斤　鯣　五萬斤
干鮑　三千斤　煎海鼠　千五百斤
寒天草　七千貫目　葉藍　壹萬五千貫目
白炭　三萬五千俵　黑炭　二萬俵
石灰　五萬俵　松大束　壹萬二千延
薪　五萬斤
右之稅金貳萬五千貳百拾五兩二分
諸稅數大圖
茶　二千百二十四斤　木楮　百三十三束
眞綿　四拾四貫六百貳匁六分七毛
麻苧　九百拾八貫貳百貳拾八匁五分

薪　百四拾五束　草藁　壹萬千四拾貳束
糠　四拾石　蕨縄　五百五束
筵莚　千七百壹枚　勝藁　貳百三拾五束
右之税代金ニ積リ
金千六百兩
一金九千五百五拾四兩貳朱ト
永錢五拾貳文七歩貳厘六毛
内
五百五拾五兩三歩壹朱ト
永錢六拾文壹歩七厘
右大工左官木挽樽屋疊刺柿葺瓦焼石切鍛冶小細工師張物師紺屋職船
大工日雇トモ札銀
八拾九兩三朱ト
永錢拾八文五分三厘六毛

右茶木楮漆之實九分一小役
四千九百四拾壹兩三步ト
永錢八分八厘
右諸魚積出五分一網買入運上魚荷陸越運上生魚主株銀干加類免許銀
諸魚取扱札銀鮑坐株銀他處釣舟免許旅船積出運上諸廻船運上共
千五百拾兩三朱ト
永錢五拾文三分七厘
右質屋石屋油座酒屋株銀酢油味噌醬油豆腐仕成運上諸問屋紺屋合羽
屋運上商札銀野方運上共
七百八拾六兩三步三朱ト
永錢五拾五文三步
右山畑上リ屋敷年貢
二百四拾四兩

右杉山年貢
千四百貳拾六兩壹朱ト
永錢五拾四文九分七厘
右山運上諸木問屋運上山役銀積出歩一銀極印錢トモ
總〆金三萬六千三百六拾九兩貳歩貳朱ト
永錢五拾貳文七歩貳厘六毛
内
三千六百三拾六兩三歩三朱ト
永錢三拾文貳歩七厘三毛
右十分之一家祿附
一米豆拾壹萬九千六百九拾五俵三斗二升貳合
右免五ヶ年平均高　但壹俵四斗入
一金三萬六千三百六拾九兩貳歩貳朱ト
永錢五十貳文七分貳厘六毛

右諸産物及諸税數
内
米豆壹萬千九百六拾九俵貳斗三升貳合貳勺
金三千六百三拾六兩三歩三朱ト
永錢三拾文貳分七厘三毛
右貳廉家祿附
戸數　三萬三千二百五十三戸
人員　拾六萬九千五百十二人
内
士族　五百四十八戸内男千三百九人 女千三百三十七人
卒族　九百七十戸内男二千二拾人 女二千六人
社家　百五十戸内社人三百九十八人 神子十人 女四百三人
寺院　百九十四ヶ寺内僧四百四十四人 女十七人

山伏　三百十七戸　内山伏四百五十四人　女四百廿六人

農民　貳萬九千三百壹戸　内男七萬八千二百十七人　女七萬三千五百八十九人

町人　千三百三十四戸　内男二千二百三十二人　女二千八十八人

非人　拾七戸　内男八十六人　女七十四人

穢多　六百廿二戸　内男二千二百五十三人　女二千百四十九人

社　百四十九社　堂　百廿壹宇

郡村等不詳

（歩兵　六百八十三人十二中隊　砲兵　二百四十一人）

○臼杵藩

草高　五萬六拾石余（込高等不詳）

（草高明細短冊ニ據ル）

五ヶ年平均

現石三萬五千貳百七十壹石五斗八合九勺七才

内

正租　現米三萬二千百四石二斗六升九合二勺

雜稅　現米二千七百九十石三斗七合二勺

金三千十五兩壹分三朱ト丁錢百八十文

此米三百七十六石九斗三升二合五勺七才　但壹石ニ付金八兩替

戸數　壹萬五千八百四十九戸

人員　七萬七千八百廿七人

内

士族　八百六拾戸　人口　三千七百四十壹人　内　男千八百五十九人　女千八百八十貳人

卒族　七百六十戸　人口　三千百廿九人　内　男千五百五十三人　女千五百七十六人

平民　壹萬四千九十壹戸

人口　六萬九千九百四十壹人　内　男三萬五千五百七十二人　女三萬四千三百六十九人

社家　四十八戸　人口　二百六十五人　内　男百四十壹人　女百二十四人

寺院　五十八戶　人口内僧四百拾人 内尼三人 家内俗男三十六人 女百廿九人
修驗　三十貳戶　人口　百七十六人内男七十七人 女九十九人
神社　六百十八社
外ニ穢多　貳百五十九人内男百廿八人 女百三十壹人　戶數不詳
非人　四十三戶　人口　百八十三人内男九十人 女九十三人
華族　二人内壹人知事 壹人同妻
郡村等記載無之
（兵員　九百人）

○上田藩

草高　五萬三千石
外高七千百貳十石七斗一合五勺新田改出高 但込高ナシ
五ヶ年平均
正稅　現米二萬二千百二石壹斗壹升三合四勺四才

但金永錢無御座候

雑税　現米三百九石二斗九升八合九勺六才

永　百三十三貫三百拾四文壹分五釐一毛

金　三千拾八兩三分三朱

錢　二百十二貫九百三十二文四分

右生糸蠶種紙桑畑冥加口米其外小物成口々

諸雑税幷物産税

五ヶ年平均

米二百九十八石六升八合九勺五才

金八兩貳歩三朱

永百三拾三貫二百九十一文壹分五厘壹毛

錢八拾六貫五百八拾八文

（桑畑冥加刈畑藪林其外諸雑税高）

物産商凡生糸及口糸蠶種其外諸税高

金三千拾兩壹步
永二十三文
錢百七十五文

戸數　壹萬千五百十九軒
人員　六萬二千五百七十二人
內
士族　四百二十九戸　人口千八百八十六人 内 男八百七十九人 女千七十人
卒族　三百九十壹戸　人口千七百四十四人 内 男八百六十六人 女八百七十八人
社家　五十貳戸　人口二百三十六人 内 男百十七人 女百十九人
寺院　百三戸　人口二百八人 内 男僧百九十七人 女十壹人
修驗　四十戸　人口百五十壹人 内 男七十四人 女七十七人
平民　壹萬三百九十三戸
人口五萬七千百八人 内 男二萬八千九百六十七人 女二萬八千百四十一人

穢多　百八戸　人口八百九十四人内男四百四十八人女四百四十六人
非人　三小屋　人口十三人内男七人女六人
郡村　未詳
兵隊　三百二十七人

○宇都宮藩

元高　七萬八百五十石
草高　九萬千貳百九十八石九斗八升二勺五才　込高ト毛
五ヶ年平均
正租　現米壹萬五千八百八石五斗壹升壹合
永六千百六貫八百七拾七文九分九釐六毛
雜稅　米貳千九十七石九斗六升三合壹勺壹才
永四百三十五貫六百七十九文四分九厘六毛
金百九拾三兩貳分壹朱

銀四貫二百九十目九毛
鐚千三百六十九貫七百六文
大豆六百三十九石五斗四升九合七勺三才
油荏貳百四十壹石九斗壹升七合六勺七才
稗三百三十八石四斗九升七合八勺七才
　右三品ハ代永差遣取立之分
大豆八石貳斗三升四合四勺壹才
油荏三石九斗九升九合八勺貳才
太餅米八石四斗壹升五勺
同糯三石四斗五合
細餅米十四石八斗六升七合
同糯貳升
　右六品ハ代米差遣代永ニ而取立之分

戸數　壹萬五百五十七戸
人員　五萬九千九百八人
内
士族　五百六十二戸　人口　二千九百十三人内男千三百五十六人女千五百五十七人
卒族　三百廿九戸　人口　千百八十一人内男七百十一人女四百七十人
知事實家ヨリ引取候分
士族　三十四戸　人口　百四十三人内男七十人女七十三人
同卒族　八戸　人口　二十五人内男十二人女十三人
平民　八千七百七十四戸
人口　五萬三千三百九人内男二萬六千七百廿人女二萬六千五百八十九人
山伏　五十九人　神子　貳人
盲人　八人　座頭　七人
猿牽　壹人　沙彌　四人内男二人女二人

舞大夫　壹人

社家　百八戸　人口　四百七十四人（内男二百三十六人 女二百六十三人）

寺院　二百六十七ヶ寺　人口　百九十八人（内僧百八十三人 尼二人 下男十人 道心三人）

門前戸籍　四百七十五戸　人口　千五百八十三人（内男八百十三人 女七百七十人）

外ニ華族　壹戸　人口　七人（内男貳人 女五人）

穢多　六十戸　人口　三百三十二人（内男百七十二人 女百六十人）

非人　二戸　人口　四十人（内男二十二人 女十八人）

癩病人　四戸　人口　三十八人（内男二十六人 女十二人）

乞食　二戸　人口　九人（内男五人 女四人）

外ニ神社　九百九十七社　堂　三百廿八宇

庵　八十七軒　寮　三十八軒

小塔　壹宇　塔頭　十字

坊屋敷　壹ヶ處　傳馬荷物貫目改所　壹軒

虛無僧寺　壹ヶ寺　　會所坊　三十軒
坊式　十軒
下野四郡　村　百七十二ヶ村　町　三十八ヶ町
（歩兵　八小隊（四十人 役人六人）　鼓手　三十二人　砲兵　一隊（三十一人 役人十一人））

○牛久藩

草高　壹萬拾七石貳升四合
　外高千八百八十四石三斗貳升九勺
合　壹萬千九百壹石三斗四升四合九勺
五ヶ年平均
正租　米（現石）三千五百八拾五石五斗四升四合六勺
　金八百八拾五兩
　永四百九拾七文三分三厘二毛
雜稅　永拾貫九拾貳文五分七釐

此米壹石貳斗六升壹合五勺七才但石八兩立ニテ

戸數　千六百四十六戸

人員　八千六百四人

内

士卒百三十戸　四百三十四人男二百四十八人 女百八十六人

平民千四百十六戸　八千七十二人男四千三十二人 女四千四十人

社家十二戸　三十四人男二十一人 女十三人

寺院四十七戸　四十四人僧三十三人 女十人　俗一人

庵　四十一宇二十人僧十七人 尼三人

神社　百六十六社

外ニ 穢多　四戸二十八人男十五人 女十三人　非人　九戸四十二人男二十三人 女十九人

華族　男一人女三人

郡村　郡數　六　村數　三十一

（兵士　八十五人　砲兵　十七人　合百二人）

〇宇土藩

草高　三萬石（打出高込高等不詳）

五ヶ年平均

正租　雜稅　戸數　人員其他人員等皆詳ヵナラス

士百五拾九人女詳ナラス　徒士貳百三十一人

兵卒百五十九人　鄕兵百七拾五人

合七百二十四人

社寺十五宇

〇延岡藩

草高　八萬千八百十五石七升三合八才

本高　七萬石

一萬四百九十九石八斗二升四合一勺一才　前々出高

千三百十五石二斗四升八合九勺七才　延享四卯年後改出高

（引高）八千九百四十二石四斗五升一合三勺八才　前々無地高侍屋鋪長屋地并道代溝敷土手敷藪敷川欠石沙入

荒地高引

殘七萬二千八百七十二石六斗二升一合七勺

正租高

現米二萬八千十石六升二合六勺　五ヶ年平均免三ツ四分九厘七毛

內

眞米二萬二千九百四十八石一斗七升四合七才

二千百二十五石四斗五合

此赤米二千五百五十石四斗八升六合

二千百三十五石五斗五合

此大豆三千四百十六石八斗八合

四百五十六石六合六勺六才

此大麥千九十四石四斗一升六合
百五十八石六斗二升五勺
此小麥三百十七石二斗四升一合
米百八十六石三斗五升一合三勺七才
此金千四百九十兩永八百十壹文

雜税高
米八百九十六石二斗九升五合二勺五才
内
米三百五石八斗三升六合
米五百九十石四斗五升九合二勺五才
此金四千七百二十三兩永六百七十四文
合米二萬八千九百六石三斗五升七合八勺五才

諸産物　炭　大平墨　材木（松椴栂槻雑木）　杉（長木）　茶　椎茸　麻苧　漆

此税金千七百兩余

同斷　銅　諸紙　蠟　藻草

右會計局仕入ニ付税無

戸數　二萬三千九百六十戸

人員　十二萬四千九百六十六人

内

士族　四百九十戸　人口　二千百二十人（内男千七十人 女千五十人）

卒族　九百四十四戸　人口　四千二十二人（内男二千三十九人 女千九百八十三人）

社家　二百三戸　人口　千八十二人（内男五百六十八人 女五百十四人）

寺院　百五十六戸　人口　四百十三人（内男二百九十人 女百二十三人）

修驗　八十一戸　人口　四百十一人（内男百九十三人 女二百十八人）

盲僧　八戸　人口　四十人（内盲僧十四人 俗男十人 女十六人）

平民　二萬千九百六十五戸
人口　十一萬六千百八十九人内男六萬四百九十五人女五萬五千六百九十四人
穢多　三十八戸　人口　三百五十八人内男百八十八人女六十二人
非人　六十九戸　人口　三百廿三人内男百七十二人女百五十一人
江戸平町慶賀　六戸　人口　十六人内男七人女九人
外ニ華族　壹戸但舊知事　人口　四人男二人女二人
社　千五百七社　堂　不分
郡　五郡　村　百六十五ヶ村

○野村藩

草高　一萬三千八十九石七合
内
三十四石四斗六升六合　込高
二千七百二十一石三斗六升三合　新田高

改出高　六百石八斗四升六合

正租　現米三千九百四石二斗四合　全ク收納高

但雜税二百五十九石五斗六升六合ヲ算入ス

産物　茶　煎海鼠　海鼠膓　海鹿尾　荒布　若布　イノ貝

右産物税取立不申候

戸數　千七百五十五戸

人員　八千四百三十一人

内

士族　七十七戸　人口　二百七十五人内男百三十七人 女百三十八人

卒族　六十四戸　人口　百二十四人内男六十七人 女五十七人

夫卒　人口　四十五人

士族召仕　人口　二十八人内男十一人 女十七人

社家　十三戸　人口　四十九人内男二十六人 女二十三人

寺院　二十八ヶ戸　人口　九十三人内男六十三人内一人堂守尼二人
女二十八人

修驗　無之

穢多　九戸　人口　二十九人内男十七人
女十二人

非人　七戸　人口　二十一人内男十三人
女八人

平民　千五百五十七戸　人口　七千七百六十七人内男三千九百十二人
女三千八百五十五人

寺院　廿八ヶ寺但シ戸數之部ニモ入ル外ニ堂一宇

神社　九十五社

郡　四郡　村　廿六ヶ村

外ニ三河國渥美郡泉福寺舊幕府朱印地山田村分

草高　百二十二石三升

内高四石六斗三升　新田高

五ヶ年平均

正租　現米三十一石二斗九升八合二勺

正税　米六石八斗五升九合六勺
　　　錢三貫文
戸數　四十五戸
人員　二百七人
　内
　　寺　二戸　人口　僧四人
　　平民　四十三戸　人口　二百三人内男百六人女九十七人

藩制一覧表第五

○熊本藩 高五十四萬石

草高　七拾八萬六千拾五石六斗七合壹勺七才
　但内貳拾四萬六千拾五石六斗七合壹勺七才　込高新田高
正稅　三拾萬四千八百三拾八石壹斗六升四合四勺三才　免三ッ八分七朱八厘貳毛七弗
諸稅　米七萬三千三百六拾貳石六斗八升貳合貳勺四才
　鹽千九百六拾五石四斗六升貳合八勺六才
　櫨實五十萬三千四百六拾九斤三合
　金貳千六百拾五兩壹分　但年々不同ニ御座候
男人口三拾六萬千貳拾四人
　内

八千五拾人	士族
三萬七千貳百拾九人	卒族
八千貳百五拾九人	從前陪臣
千七百人	兩末家士族卒族
貳拾七萬八千八百四拾六人	農
壹萬八千七百三拾八人	商
八百六拾五人	社人
三千百六拾七人	僧侶
六百八拾五人	盲人
三千四百九拾五人	穢多

女人口三拾五萬五千七百八拾三人

内

八千人	士族女

三萬四千五百拾四人
千六百五拾四人
七千六百八人
九百貳拾人
貳千貳百四拾九人
貳拾七萬八千五百八拾四人
壹萬八千百五拾三人
五百貳拾三人
三千五百七拾八人
物貰人口別ニ　三千百八拾三人
（人口合セテ七拾一萬九千九百九拾人）
戸數　拾四萬八千八百五拾貳軒
四千貳百八拾壹軒

卒族女
兩末家士卒女
從前陪臣女
社家女
僧家　〔頭書〕（八十六ヶ寺ハ藩ヨリ祿ヲ給ス）
農家女
商家女
瞽女
穢多女
内　千六百三拾九人　男
　　千五百四拾四人　女
藩士

壹萬五千百拾八軒　兵卒
三千八百拾五軒　從前陪臣
七百拾七軒　兩末家藩士兵卒
拾壹萬四千五百拾軒　農
六千九百六拾五軒　商
貳百七拾七軒　社家
千貳百四拾軒　寺院（八十六ケ寺ハ藩ヨリ祿ヲ給ス）
五百七拾三軒　盲人
千三百五拾貳軒　穢多
別ニ三百四拾五軒　物貰
（神社　十九ケ社但シ藩ヨリ祿ヲ給スル分其餘ハ不書）
知事家族　十八人男五人女五人
蒸氣　三艘一原名コスモスホライト和名凌雲丸英製鐵船　二原名グヲナー和名萬里丸佛國製木船　三原名フエリヤ和名奮進丸國不分鐵船

風帆船　二艘　一原カゴシマ　和名神風丸英製木船
二原コリヤ　和名泰運丸米製木船

○久留米藩　本高二十一萬石

草高　三拾六萬六千貳百七拾壹石七斗一升　新田高改共

正稅　拾壹萬七千貳百七拾九石九斗三升貳合四勺　五ヶ年平均

雜稅　七萬貳千六百八拾五貫六百七拾九文
内
產物稅八千五百五拾壹貫貳拾六文

（附紙◎校訂者云原書欄外ニ記ス
但シ豐凶平均シ凡ソ三分ノ歲入ト見做シ現米十萬九千八百八十一石五斗一升三合）

戶數　五萬三拾七軒
内
士族九百四十八戶　卒二千三百八十三戶　社人二百五十五戶
寺院二百四十七ヶ寺　穢多四百二十二軒　非人五十五軒

（原書◎校訂者云原書欄外ニアリ
支配地戶數四萬五千七百二十七戶但シ寺院

社家穢多非人ヲ除クト除カサルヲ審カニセズ

（下ノ本文ニ書スル者ハ右ヲ除クト見做ス）

人口　二十六萬四千五百七十七人

（全ク◎校訂者云原書欄外ニアリ

人口二十四萬二千八十六人但右ニ同シ）

内

士族　五千三十八人内男二千五百四十五人 女二千四百八十五人

卒族　一萬千六百四十一人内男六千二百三十一人 女五千四百十人

社人　千四百十六人内男七百五十九人 女六百五十七人

寺人　千九百十二人内男千百四十六人 女七百六十六人

穢多　二千二百二十三人内男千八十九人 女千百三十四人

非人　二百六十九人内男百三十一人 女百三十八人

社數　五百九十八社

知事家族　八人男二人女六人

軍艦等　不所持

○桑名藩　六萬石

草高　六萬五百六十石三斗二升五合　新田共

正税　米二萬七千八百七十一石三斗二升三合四勺

金六百十兩壹分ト永百四十一文四厘

正税定免ハ米二萬二千八百二十五石九斗壹合金永ハ同シ

雜税　米四十六石二斗貳升壹合

雜税定納ハ米五石二斗五升三合金以下ハ同シ

金百二兩ト永百三十二文三分三厘ト調錢三百二十四貫百十三文六厘

戸數　一萬三千六百二十四戸

内

士卒族千七百二十六戸　社家二十一軒
寺院百十四ヶ寺　修驗十五院　堂二十二宇
穢多九十五戸　番非人四十四戸
（一本ハ寺數ヲ列シ百十三トス「一本ハ百六十寺ヲ列ス」此分ハ從前十萬石ノ時ノ分）

人口　六萬四千八百四十八人 男三萬二千七百十四人 女三萬二千百三十四人

内

士卒族七千八十六人 内 男三千二百二十八人 女三千八百五十八人
社人　百十三人 内 男六十五人 女四十八人
寺人　七百二十八人 内 男僧三百六十二人 尼僧十一人 男五十人 女三百五人
修驗　五十八人 内 男二十九人 女二十九人　堂住　三十人 男僧十人 尼僧二十人
穢多　四百二十九人 内 男二百九人 女二百二十人　番非人二百四人 内 男九十八人 女百六人

社數　二十四社（但同月調ヘ一本ハ二十七トス此モ從前ノ分）

郡　三郡

○郡上藩　元高四萬八千石

知事家族　四人内男一人女三人

草高
正税　米壹萬五千五百六十六石三斗八升六才
雜税　金三千二百二十七兩二分六匁一分四厘
現穀　米一萬五千五百六十六石三斗八升六才ト金三千二百二十七兩二分六匁一分四厘
(合セテ一萬五千九百六十九石八斗三升三勺六才)

戸數　九千三百九十八軒
内
士族　百六十四戸　卒族　二百三十六戸
社家　百九十六戸　寺庵　百三十二戸

人口　五萬五千六百六十八人（ママ）内男二萬六千七百二十八人女二萬四千七百七十四人

内

士族　九百七十七人内男四百五十二人女五百二十五人

卒　千二百六十五人内男六百四人女六百六十一人　外ニ廿九人謹慎御免ノ者

社人　千八十八人内男五百六十人女五百二十八人

寺人　八百七人内男四百三十四人内僧百六十一人修驗二人女三百七十三人

（外ニ穢多六人内男二人女四人　非人七十二人内男三十八人女三十四人　穢多非人原書戶數ヲ記セズ）

社數　八十四社

（知事家族　四人内知事一人妹三人）

○久留里藩（元高三萬石）

（草高　三萬三千八十一石四斗八升六合二勺八才込高共）（原書草高チ記セズ）

現米　一萬八百五十五石五斗四升四合五ヶ年平均

永　二千百六拾七貫十七文五ヶ年平均

此現米二百七十石八斗七升七合但石八兩立

永高ハ即チ諸税ノ高ナリ

二口合一萬千百二十六石四斗二升一合

此十分一家祿 千百十二石六斗四升二合一勺

神社二ヶ所領地高　二十六石八斗餘

寺院九ヶ寺領地高　百二十五石三斗餘（原書朱印平黑印カ記セス）

人口　千百八十九人　士族内男五百九十五人 女五百九十四人

男ノ内職員百二十八人 老少三百三十三人　兵士百三十人

百四十三人　卒内男百十四人 女二十九人

二萬七百六十六人　平民内男一萬四百七十八人 女一萬二百八十八人

九十二人　社家内男五十人 女四十人

二百九十八人　寺院内僧百四十一人 内男八十一人 女七十六人

七十七人　穢多　内 男三十人 女四十七人

百十五人　非人　内 男六十六人 女四十九人

合二萬二千五（ママ）百八十人　内 男一萬千五百五十五人 女一萬千百二十五人

戸數　二百五十三戸　士族　七十四戸　卒族

二十一軒　社家　七十三ヶ寺　寺院

四千四百六十五軒　平民　十三軒　穢多

二十三軒　非人

合四千九百二十二戸

社數　五百二十社　但延喜式内ノ社ナシ

村數　八十九ヶ村

（知事家族　三人　知事　隠居　妻）

○黒石藩

草高　一萬三千二百五十一石八斗八升五合　但シ社寺料無之

内譯
本高　四千石
六千二百六十石二斗　本家ゟ分割
二千九百九十一石六斗八升五合　新田改出高
正税　米七千十五石三斗六升三合
金六十七兩ト永七百三十文
雜税　米千八十三石一斗五升六合　小物成米
金六百二兩ト永一貫二百十一文
正雜税合計
米八千九十八石五斗一升九合
金六百七十兩ト永九百四十一文
（◎校訂者云二行原書欄外記入）
家祿　米八百九石八斗五升二合
金六十七兩ト永九十四文

戸數　二千六百二十九戸
内
士族　百七十八軒　卒　百六十五軒
社家　六軒　寺庵修檢　二十一軒
人口　一萬五千九百三十二人内男八千百十五人女七千八百十七人
内
士族　千九十四人内男五百十八人女五百七十六人
卒　七百四十七人内男三百七十七人女三百七十人　外ニ仲間小者二十六人
社人　三十九人内男廿三人女十六人
僧侶修檢及ヒ其家人　百十九人内男八十四人女三十五人
村數　五十一ヶ村
宮　六社
（原書知事家族ヲ記セス）

○黒羽藩 本一萬八千石

草高　二萬九千四百四十三石六斗四升六合八勺 込高新田共

正税　一萬三千四百四十三石六斗四升六合八勺

内

米五千十四石五升四合三勺

金千三百七十四兩ト永六百二十八文

（此米百七十壹石八斗二升八合五勺）

雑税　金千二百兩　此現米百五十石 但シ一石八兩立

合計五千三百三十五石八斗八升二合八勺

郡　二郡　村數　七十ヶ村

戸數　三千六百六十六戸

内

士族　二百二十三軒　卒　四百十五軒

社家　二十二軒　寺院　三十四ヶ寺

人口　一萬九千四百九十三人

内

士族　八百三十七人内男三百九十三人女四百四十四人　卒　千百人内男七百六十四人女三百三十六人

社人　八十八人内男四十三人女四十五人　寺人　三十七人内僧三十四人女三人

（神社　百五十三社）

（知事家族　原書不記）

○櫛羅藩（高上、忍海、葛下、葛上四郡ノ内村數二十六ヶ村）

草高　壹萬石

元治元甲子ゟ明治元戊辰迄　五ヶ年平均

正租　米三千四百四十石六斗七升五合

金四千四百七拾壹兩壹分壹朱

永八文六分九厘

雑税　米百九拾七石九斗貳升五合
金七百三十五兩貳分
永四十八文貳分九厘
(◎校訂者云以下十行原書欄外朱書)
(一本ニ但シ共ニ已ノ十月調ナリ)
正租四千二百五石七斗五升五合六勺八才
雑税
三百二十九石八斗七升五合
金百十五兩壹分三朱
永五文六分
此米十八石二斗四升五勺貳才
但シ石六兩替或ハ五兩一分替ニシテ算ス然ルトキハ二十一石九
斗八升九合壹勺六才　何レカ正ナルヲ見出スヘカラス
都合四千五百五十四石八斗七升一合貳勺)

戸數　五百拾九軒
人員　貳千二百七十三人（男女ノ區別不分明）
神社　六十八社
（算外）佛閣　四拾ヶ寺　人口四十二人内男二十五人女十七人
士族戸數　百四軒　四百六人内男二百十四人女百九十二人
卒戸數　三十六軒　百十四人内男六十六人女四十八人
社家　貳軒　同人員　三十人内男女不分明
穢多戸數　三百五十三軒　同人員　千五百八十貳人内男七百六十七人女八百十五人
煙亡戸數　廿四軒　同人員　九十九人内男四十九人女五十人
（外知事家族　四人男二人女二人）

○黒川藩

草高　壹萬千八百三十九石壹斗九合九勺（本田新田込高拜領共）
（◎校訂者云以下三行原朱書）
（但シ込高

十五石四斗四合四勺　改出新田幷ニ畑田直増高共千八百二十三石
七斗五合五勺）
内
四百五拾貳石貳斗四勺（荒地其外）諸色引
二口〆　壹萬貳千貳百九拾壹石三斗壹升三勺
殘米壹萬千三百八十六石九斗九合五勺
五ヶ年平均
正租　米四千五百四十貳石貳斗六升三合貳勺
雜稅　米貳百五石八斗二升九合六勺
合四千七百四十八石九升貳合八勺　現石高
戶數　貳千貳拾貳戶　佛、士、卒、修、社、家、穢　右六種算入
人員　九千七百五十七人　同上　内　男四千八百九十一人　女四千八百六十六人
神社（算外）　百四十九社　佛閣　拾六寺　内　男二十五人　女不詳

士族戸數　五十八戸　同人員　貳百九拾三人內男百四十三人女百五十人
卒　貳十八戸　同人員　九十三人內男六十人女三十三人
修驗　貳十三軒修驗三十八人男女不詳　社家　拾一軒社人十八人男女不詳
穢多　壹戸男壹人女不詳　夷太夫　一軒　壹人

○山口藩

草高　三拾六萬九千四百拾壹石
　外高六拾壹萬八千五百九拾三石餘新田打出
　合高九拾八萬八千四石餘
　外產物　生蠟稅　四百八十兩　石炭　三百二十兩
（◎校訂者云此一行原書欄外）
正租　現米貳拾萬六千九百九拾石
　錢拾壹萬六千百九拾貫文
雜稅　米壹萬四千五百五拾三石
　銀八百九拾貫八百六拾目

外定稅ニアラサル者除之

戶數　壹萬七千七百十四戶

内

士族　三千戶　　卒族　三千九百九十一戶

陪臣　六千百五十七戶

社家　四百四十八戶　　寺院　千百六十五ヶ寺　内穢多寺五ヶ寺

内末庵四軒

盲僧　二百十九軒　　山伏　九十二軒　　茶洗　六軒

非人　五十一軒　　穢多　二千六百七十五軒

人口　六萬六千四百六十三人　内男三萬六千二百四十人　女三萬二百二十三人

内

士族一萬千五百八十九人　内男五千八百二十九人　女五千七百六十人

卒族一萬三百六十二人　内男五千五百六十七人　女四千七百九十五人

陪臣二萬五千四百八十七人内 男一萬三千三百九人 女一萬二千百七十八人

社人二千二百六十三人内 男千百五十一人 女千百十二人

寺人五千百八人内 男四千七十五人内僧三千九十六人内穢僧廿六人 道心者二十五人 女千八十人内尼僧百二十五人

盲僧六百五十二人内 男三百六十七人内盲僧二百五十六人 女二百八十五人

山伏二百八十五人内 男百六十六人内山伏百十六人 女百十九人

茶洗二十九人内 男十四人 女十五人

非人二百六十一人内 男百四十人 女百二十一人

穢多一萬三百八十人内 男五千六百二十二人 女四千七百五十八人

社　千九百七十社

（◎以下八行原書朱書）

（軍艦及運輸船）

蒸氣艦　原名ベンタ　和名第一丁卯丸 質形カーブル　木製朝廷獻納

同　原名アソンダ和名第二丁卯丸 質形カーブル　木製同

同　原名不知　和名鳳翔丸 質形カーブル　木製

同　原名コンオン和名乙丑丸質スクーチル形　木製
同　原名ヲテンサマ和名丙寅丸質スクーチル形　鐵製
同　原名チヨオセン和名花陽丸質ブリキ形　鐵製
原　知事家族ヲ書セス）

○柳河藩　支配地郡五

草高　十五萬五千三百九十四石六升新田高改出高共
正稅　米六萬三千二百七十石二斗七升
大豆四千七百二十三石二斗三升八合
麥六百四石壹斗壹升八合
雜稅　米八千六百九十七石一斗一升八合
大豆八百六十四石二斗三升五合
米三千二百六十石五斗二升四合但シ海岸修覆ノ爲ニ取ルモノ
菜種五千二百七十七石四斗四升七合

諸税　錢四萬三百四十〆五百四十文

合米七萬五千七百二十七石九斗一升二合

△大豆五千五百八十七石四斗七升三合

□麥六百四石壹斗壹升八合

◎菜種五千二百七十七石四斗四升七合

錢四萬三百四十〆五百四十文

（◎校訂者云以下六行別紙ナリ）

△大豆合代二萬五千七百二十九兩壹升一合一勺六才

但シ一石ニ付四兩六合五才替

□麥代千二百七十七兩七合一勺　但シ一石ニ付二兩一合一勺五才替

◎菜種代二萬五千百十兩九勺三才　但シ一石ニ付四兩七合五勺八才替

合計五萬二千百十四石七斗六升四合五勺　但一石八兩替

現米八萬二千二百四十二石六斗七升六合五勺」

戸數　二萬六千四百六十一戸

内

士族　八百十八戸　徒士　三十四戸　浪士　三百四十七戸

社人　九十戸　僧徒　二百八十八ヶ寺　輕卒　千三百九十六戸

非人　二十九戸　穢多　百八十六戸

人口　十二萬七千三百二十三人 内 男六萬四千八百五十三人 女六萬二千四百七十人

内

士族四千九百七十九人 内 男二千四百三十三人 女二千五百四十六人

徒士百七十九人 内 男八十六人 女九十三人

浪士千九百四十二人 内 男九百五十一人 女九百八十五人

社人五百三十人 内 男二百五十九人 女二百七十一人

僧侶千四百八十一人 内 男八百八十八人 女五百九十三人

輕卒七千六百十五人 内 男四千二十八人 女三千五百八十七人

非人百六十九人 内 男八十六人 女八十三人

穢多九百三十七人 内 男四百八十一人 女四百五十六人

別ニ修験　一軒　人口四人男二人女二人
社　千二百十三社
（軍艦等不所持）
（知事家族　十七人内男六人女十一人）

○柳　本　藩元高一萬石　大和國式上郡、山邊—宇陀—之内

草高　一萬石込高新田等無之
正税　米六千五百三拾壹石三斗九合貳勺八才
雑税　米六十五石九斗三升八合三勺八才
元高ヨリ六十六石一斗四升七合ハ崇神天皇御陵修覆云々ニ付之チ引ク
合六千五百九拾七石貳斗四升七合六勺六才
戸數　千四百五十四戸
内
士族九十九軒　卒族六十軒

社　貳ヶ所　　寺庵九ヶ所
穢多非人ノ戸數　四十一軒
（前後ノ調ヲ合セ違フモノヲ以穢多非人ノ戸數ト見做ス）
人口　六千八百十四人（内男三千八十三人 女三千百三十八人）
内
士族人員三百九十六人（内男二百人 女百九十六人）
卒族人員百九十七人（内男百三人 女九十四人）
社務人員五人（内男一人 女四人）
寺庵人員十八人（内僧十四人 尼四人）（一本ハ僧十七人尼一人ニ作ル）
巫　女二人
穢多人數百三拾七人（内男六十六人 女七十一人）　非　人百八人（内男五十九人 女四十九人）
（知事家族　四人（男二人 女二人））
（船艦無之）

○山崎藩　元高壹萬石　村數三十九ヶ村

草高壹萬千三拾貳石貳斗八升壹合七勺　込高新田共

正税一米五千三百九〔六〕十七〔九〕石四〔三〕斗五〔六〕升四〔三〕合七〔二〕勺　（米ニテ正セシ分疑ハシ後ノ〆高ニ合セス）

一大豆千二拾九石三斗六升九合四勺

此米七百五拾七石九斗貳升壹合五勺三才　五ヶ年平均直段米壹石ニ付金八兩算當

雑税一米四百五拾四石八斗四升貳合壹勺

一大豆八拾貳石三斗四升九合六勺

此米六拾石六斗三升三合七勺六才　右同斷

一金貳拾壹兩壹分　永百七拾四文八分六厘

此米貳石六斗七升八合壹勺　右同斷

一眞綿五貫百三拾三匁壹分七厘

此代金五拾貳兩貳分貳朱ト　永五拾貳文八分九厘六毛

正雑合六千六百八拾石壹斗壹升五合

戸数　貳千四百貳拾壹軒
内
士族　九拾三軒　卒族　百拾軒
社　三軒　寺院　拾四ヶ寺
修験　三軒　庵室　四ヶ所
人口　壹萬貳百三拾貳人内男五千貳百八拾四人女四千九百四拾八人
内
士族人員四百貳拾人内男貳百九人女貳百拾壹人　卒族人員四百七拾人内男貳百四拾人女貳百三拾人
社人貳拾七人内男拾三人女拾四人　寺庵七拾壹人内僧五拾六人女拾五人　但一向宗六ヶ寺ノ女
修験拾人内男八人女貳人
右総計
戸数貳千四百貳拾壹軒
人員壹萬貳百三拾貳人
(神社　十九社)

（知事家族　原不記）

○柳生藩　元高壹萬石

草高　九千五百九十三石七斗五升一合九勺八才　添上郡山邊郡　山城國相樂郡ノ内

正税　五千七百七十九石三斗八升五合九勺九才　右二ヶ所ノ領分

雜税　銀九百九拾八匁七分三厘五毛

此金拾六兩貳分貳朱ト永貳拾文五分八厘三毛　但兩六拾目立

戶數　千三百九十四軒　合村數貳拾貳ヶ村　（菩提所付ノ村戶數人員ヲ別算ト見做之ヲ加フ）

内

士族戶數　百拾軒　卒族戶數　三拾壹軒

（總戶數別ニ）社　貳拾五社　寺　三拾六ヶ寺

人口　六千八百五十八人　内　男三千九拾九人　女三千五人

内

士族人員　四百拾三人　内　男貳百拾壹人　女貳百貳人

卒族人員　百八拾八人内男百拾六人女七拾貳人
寺庵人員　貳拾壹人　但僧ノミ貳拾壹人
社人無之
（知事家族　二人男一人女一人）

○矢島藩

草高　壹萬六千百三拾三石八斗八升餘四拾七ヶ村
正税　六千百九十七石三斗四升九合
雜税　金貳百四拾四兩貳分永貳百四拾六文
　此石三拾石五斗九升三合餘一石ニ付金八兩立
二口合六千二百二十七石九斗四升二合餘
（◎校訂者云以下五行欄外記入）
（正税
　本途米四千四百四十三石四斗九升一合
此計五千八百六十五石四斗八合

口米夫米馬役米二百五十一石四斗七升一勺八才

此計三百三十一石九斗四升一合）

戸數　三千三十一戸

内

士族戸數　百九軒　卒族戸數　百拾七軒

社家戸數　四拾五軒

（算外）神社　四百拾五ヶ所　寺院庵　拾六ヶ寺

獄舍番戸　壹軒　穢多戸　壹軒

人口　壹萬五千貳百八十八人　内 男八千百二十三人 女七千百五十七人

内

士族人員　四百四拾七人　内 男貳百四人 女貳百四拾三人

卒族人員　三百貳拾四人　内 男百九拾七人 女百貳拾七人

社人　貳百四拾八人　内 男百三拾六人 女百拾貳人　寺院人員　四拾人　内 僧三拾六人 女四人

獄屋番人　六ﾏ人内男六人女貳人　穢多人員　拾四人内男八人女六人

（知事家族　不記）

○山上藩

草高　壹萬三千四拾三石九斗貳升八合

外込高四百貳十九石六斗貳升壹合九勺四撮新田高改出高

二口〆壹萬三千四百七十三石五斗四升九合九勺四才

五ヶ年平均

正租　米四千四百七十四石壹斗八升五合二勺八才

雜税　米四百貳拾三石壹斗七升六合九勺貳才

金拾八兩

永五百六十四文八分三厘

戸數　貳千百六十八戸

內

士族　八十四軒　寺　四十三戶
卒　十七戶　庵 三戶 行人派 壹戶
社家　四戶　穢多　百拾貳軒
人員　九千七百六十九人 内 男四千九百八十七人 女四千七百八十二人
内
士族　貳百七十六人 男百三十人 女百四十六人
卒　七十八人 男六十五人 女十三人
僧　四十八人　尼　八人
穢多　五百貳拾四人 男貳百七十八人 女貳百四十五人　僧一人
社人　六人 男三人 女三人
社數　八十八社（内末社四十六）
郡數　七郡　村數　三十七ヶ村

○山家藩

草高　一萬八拾貳石八斗三升

此取米　四千三百七拾石五斗貳升六合四勺壹才五ヶ年平均壹ヶ年分

内

正租　三千四百六十石五斗貳升六合四勺壹才　米納

米九百拾石　銀納

雜稅　拾五石四斗七升五合　米大豆

銀三貫貳百貳匁八分貳厘

〆米四千三百八十六石壹合四勺壹才
銀三貫貳百貳匁八分貳厘

戶數　平民戶數不詳

内

士族　七十六戶　寺　貳十五戶

卒族　三十八戶

人員　同

同

内

士族　三百四十三人内男百六十三人女百八十人　卒族　百三十一人内男六十三人女六十九人

寺人　四十七人内男四十五人女貳人　社人　壹人

神社　壹軒

（知事家族　七人男三人女四人）

○谷田部藩茂木

常陸三郡高一萬千六百五十九石六斗九升九合八勺　下野一郡高一萬六千貳百六十四石九斗

草高　貳萬七千九百貳拾四石五斗九升九合八勺

正租

現米三千七百貳十四石七斗六升八合七勺

金千五百壹兩

永百五十六文貳分五厘

雜稅

米六十三石九斗四升三合九勺

金三十七兩
永壹貫三百五十七文五分七厘五毛
戶數　貳千六百五戶
内
士族　百七戶　社家　拾壹戶
卒族　百四十七戶　修驗　拾貳戶
寺　百五ヶ寺　庵　一戶
寮　貳拾貳戶
人員　壹萬三千四百貳十五人 内 男六千九百五十五人 女六千四百七十人
内
士族　四百四十八人 男貳百拾九人 女貳百貳拾九人
卒族　貳百三十貳人 男百五十人 女八十貳人
社家　六十四人 男貳十七人 女三十七人　修驗　四十人 男貳十人 女貳十人

寺庵寮　八十五人内僧六十五人男五人女七人道心八人

神社　百三拾貳社

郡數　四郡

村數　五十三ヶ村　内三村新田村　町數　三ヶ所

○谷地藩

草高　本家内分故カ不審

戸數
内士族　五十貳戸

人員
内士卒　百五十八人内男八十三人女六十七人

○松江藩　本高十八萬石

草高　二十四萬五千三百四十一石一斗五升九合込高新田改出高共

内六萬五千三百三十一石三斗九升一合萬引方除之

正十八萬九石七斗六升八合（内新五千百五十五石五斗五升五合）

正税　十萬四千六百五十七石六斗三升六合

雜税　一萬九千五百八十一石三升九合

合十二萬四千二百三十八石六斗七升五合

社寺領六千九百四十石八斗壹升六合内五千八百六石五斗二升七合社　千百三十四石二斗八升九合寺

（一本ニハ外ニ内譯ニ依ル）

本文二千五百五十四俵一斗一升七合トス

外ニ藏米ヲ以二千五百五十三俵五斗壹升七合内千百六十五俵三斗九升三合社　千三百八十八俵一斗二升四合寺

（◎以下三行原書欄外記入）

（別ニ諸運上

〆米八千三百八十五俵壹斗四升但京升四斗入

金五萬九千七百六十八兩二分）

家數　六萬七千九百四十四戸

内

士族　九百五十一戸　卒　千二百五十六戸

社家　六百三十八戸　寺院　七百三十二戸

鉢屋穢多　九百六十六戸　鉢屋非人　百五十二戸

人口　二十九萬五千五百二十一人　内　男十五萬二千九百二十五人　女十四萬二千三百四人　内　非人二百九十二人男女未詳

士族　九千九百二十四人　内　男五千六十二人内二千十三人召仕　女四千八百六十二人内千六百八十一人召仕

卒族　九千六百九十三人　内　男五千三百四十四人内召仕三十六人　女四千三百四十九人内召仕五百人

社人　三千四百十人　内　男千七百十人内召仕二百五十人　女千七百人内召仕二百三十人

寺人　千九百八十六人　内　男千四百五十人内召仕二百四十五人　女五百三十六人内召仕百一人

鉢屋穢多　四千三百九十五人　内　男二千二百七十人　女二千百二十五人

非人　二百九十二人　男女未詳

神社　千八百七十二所

（運輸船　三艘　千四百六十石積　千四百石積　千石積）

（知事家族不記）

○松山藩　伊豫十郡　此村三百十三

草高　十五萬七千百八十四石九斗七升七合　償新田畑新田畑共
社寺領無之
正租　十萬三千四百八十石七斗餘
雜税　七千百七十六石七斗餘
合拾壹萬六百五十七石四斗餘
原書ハ五斗餘トスル此ノ餘チ合セテ一斗トスル乎
(別ニ金十六兩二分二朱餘　正租
七百十一兩一分二朱餘雜税)
戶數　五萬四百八十七戶
内
士族　八百三十三戶　准士徒士族八百五十戶
卒族　二千八百六十八戶

社家　二百六十七戸　寺院　三百四十四戸（内穢多寺三ヶ寺）

穢多　千八百七十三戸　非人　百七十四戸

人口　二十一萬千八百八十二人内男十萬八千七百二十人 女十萬三千百六十二人

内

士族　四千六百四十五人内男二千二百五十二人 女二千三百九十三人

准士徒士族　四千七十九人内男千九百五十八人 女二千百二十一人

卒族　五千五百八十人内男三千二百四十一人 女二千三百三十九人

社人　千二百七十八人内男六百二十一人 女六百五十七人

寺人　千百廿四人内男千八十八人内穢多僧八人 女三十六人

非人　三百四十一人内男百七十八人 女百六十三人

穢多　九千三百二人内男四千七百八十六人 女四千五百十六人

神社　二千六百四社

（知事家族　四人男二人 女二人）

○松代藩

草高　拾貳萬三千五百七拾石貳升

正租

米三萬七千百貳拾三石四升五合七勺

雜稅（七千四百九十三石壹斗五合）

米五千八百九拾五石九斗八升二合三勺（小役金諸物産冥加 商法社品々冥加）

（此永四萬七千百六十七貫八百五十八文四分　石八兩立）

（現米合五萬五百十二石壹斗三升三合）

外

現米高六百八十八石三斗貳升六合九勺　八幡、戸隱、飯縄、三社 善光寺外廿八ヶ寺之分

現米高五百三十三石八斗貳升四合九勺四才　右同斷小役幷諸稅金

此永四千貳百七拾貫五百九十九文五分

現米高引高 社寺高　合五萬五千三十石壹斗八合貳勺七才

戸數　三萬千三百八十壹戸

內

士族　四百三十六戸　　社家　九十六戸

准士族貳百六十八戸　　卒族　千六百七十九戸

寺　貳百七十壹寺　　堂宇　七百六十九軒

修驗　百五十七戸　　神子　貳戸

佛者堂守尼道心等　七百六十九戸　　浪人　四十一戸

醫師　三十六戸　郡中雜戸

藩中長屋借宅之庶民　貳百貳十七戸　　穢多非人癩　三百七戸

人員　拾四萬八千六百六十九人　內　男七萬四千貳百四十九人　女七萬四千四百廿人

內

士族　貳千百四十五員　內　男千十八員　女千貳十七員

准士族千三百貳拾員　內　男六百四十壹員　女六百七十九員

卒族　六千七百七十八員 内 男三千四百七十三員 女三千三百五員

神子　貳人

浪人　四百四十六人 内 男百貳拾八人 女百十八人

藩中長屋借宅之庶民　七百九十七人 内 男四百十七人 女三百八十五人

社家　五百三十五人 内 男貳百六十六人 女貳百六十三人

寺　七百六十貳人 内 男六百二十一人 女百四十壹人

修驗　八百貳十七人 内 男四百八人 女四百十九人

佛者　百七十九人 内 男九十貳人道心 女八十七人尼

醫師　百八十七人 内 男九十四人 女九十三人

（◎以下三行原書欄外記入）

穢多　千八百五十三人 内 男九百五十三人 女九百人

非人　百二十九人 内 男六十人 女六十九人

癩　四十三人 内 男十七人 女二十六人）

神社　不詳　　郡數　四郡

村數　貳百五十一ヶ村　町數　八町町外四十一組アリ
（知事家族六人男二人女四人）
○松代藩御預り地
草高　貳萬六百四十五石六斗五升四合八勺
正租現米四千九百四拾壹石七斗九合
雜稅米五拾壹石貳斗八升八合　見取小物成高掛物品々
永九十三貫八十四文壹分　見取小物成其外諸稅金
戶數　四千百十四戶
內
社家　五戶　醫師　十四戶
寺　七十五戶　穢多　七十三戶
修驗　十八戶　佛者堂　四十八戶
人員　壹萬七千八百九十五人內男八千八百六十七人女九千貳十八人

内
社家　貳十三人内男拾貳人 女十一人　寺　貳百貳十六人内男百五十一人 女七十五人
修驗　六十四人内男三十四人 女三十人　佛者　貳十三人内男十四人 女九人　道心 尼
醫師　七十二人内男三十六人 女三十六人　穢多　四百六十八人内男貳百三十九人 女貳百廿九人
社數　不詳
郡數　貳郡　村數　五拾貳ヶ村

○前橋藩

草高　貳拾壹萬七千七百九石三升三合八勺四才込高四萬四千百二十四石 七斗壹升壹合三勺六才
　但シ込高共前橋 常陸 松山 近江ノ内
（◎校訂者云以下六行欄外記入）
「本文庚午正月調へ
但仝年十月ノ調ニ云ク
物成
米五萬千八百八十四石五斗四升四合壹勺一才

永二萬等本文ニ同シ

但シ十月ノ調ニハ雜税ヲ書セス」

正税米四萬四千八百四十七石七斗貳升四合三才

永貳萬五百貳拾五貫九百三拾七文九分八厘五毛

但シ高免三ツ二分三厘八毛餘

雜税金四百拾七兩壹分 上野 武藏ノ内

錢八拾貫八百文

右年々不同

朱印社寺領 社十社 寺百十軒 上野 下野 武藏 常陸 近江ノ内

千四百四拾石壹斗

内

社領百四十壹石

寺領千貳百九拾九石壹斗

神社數六百五拾貳社

戸數三萬三千八百四拾軒外ニ社數六百五拾貳社 内士卒チモ除ク

内

士族戸數　士族ノ戸數無之

卒族戸數

社家修驗戸數　貳百貳拾三軒　寺院戸數　六百九拾六ヶ寺

穢多戸數　貳軒

人口拾七萬四千貳百三十九人 内男八萬八千四十三人 女八萬六千百九十六人

士族人口四千六百五十六人 内男貳千三百拾五人 女貳千三百四拾壹人

内

卒族人口五千五百六人 内男貳千七百七拾四人 女貳千七百三拾貳人

社家修驗八百八人 内男四百五十三人 女三百五十五人

寺人口七百拾壹人 内男六百五拾四人 女五拾七人

穢多人口拾人 内男六人 女四人

知事家族ヲ記セス

○松　本　藩　元高六萬石　信濃國筑摩安曇郡ノ内筑安　七拾ヶ村百七拾九ヶ村

草高　九萬七千五百貳拾貳石六斗五升九合壹勺　但込高新田高共

正税　米三萬五千百拾貳石四斗四升九合九勺

雜税　米千五百四拾七石九斗七升七合壹勺

金千六百七十四兩壹分三朱

永三百五拾八文五分五厘

外

草藁壹萬九千三拾六束六分

糠九百六俵貳斗八升

金六千四百五十六兩三分壹厘

雜品税

合永八百六拾壹文八分六厘筑摩安曇郡村々雜税

錢四百四拾六貫七拾四文

産品稅

金七百七拾三兩三分三朱ト

筑摩安曇郡村々ノ内産稅

合

永八貫九百七十文五分

社寺領高　三百六拾貳石五斗六升九合三勺　右郡內ノ社寺

戸數　貳萬五千八拾軒

內

士族戸數　三百拾三軒　卒族戸數　七百七軒

（◎校訂者云一行欄外記入）

社家戸數　六拾貳軒　（外ニ神社二百三十六ヶ所）

寺院戸數　百六拾三ヶ寺

穢多戸數　貳拾七軒　非人小屋　拾軒

人口　拾貳萬貳千四百七十二人　內男六萬三千二百五十九人 女五萬九千二百十三人

內

士族人口　貳千三百九人内男千百八十六人女千百二十三人
卒族人口　三千四百四拾九人内男千九百拾三人女千五百三拾六人
輕卒人口　四百九拾壹人
社家人口　三百五十九人内男百九十二人女百六十七人
寺庵人口　四百拾參人内男三百六拾九人女四十四人
穢多人口　百四十マ人内男七拾五人女六拾四人　非人々口　四百拾貳人内男貳拾壹人女貳拾壹人
（知事家族　十人内男五人女五人）

○丸龜藩

草高　五萬千五百拾貳石五斗
外ニ三萬六百四拾壹石三斗八升三合延高新田改出高共
合高八萬貳千百五拾三石八斗八升三合
正租　米三萬貳千百四十五石七斗壹升貳合四勺
雜税　鹽貳百五拾九石八斗

金六千六百六十六兩三歩三朱ト錢五十一文

米四十三石四斗壹升七合八勺

寺社朱印寄附地
○高五百四拾壹石九斗五升九合一勺　内四十五石朱印地

戸數　三萬貳千三百三十三軒

内

士族　五百三十四戸　卒族　千九十九戸

社家　七十五戸　寺院　二百六戸

穢多　五百九十六戸

人員　拾三萬五千百一人　内 男七萬五百十人 女六萬四千五百九十一人

内

士族　千五百十七人　内 男七百四十壹人 女七百七十六人

卒族　五千七百十九人　内 男貳千八百九十八人 女貳千八百廿一人

社家　百三人（内 男六十貳人 女四十一人）

寺院之者　七百十八人内僧五百六十八人寺族百五十人　男女詳カナラス

穢多　貳千六百九十七人内男千三百七十三人女千三百貳十四人

國數　讃岐　播磨　近江ノ内

郡數　八郡内讃五播一　近江二

村數　百二十六内讃岐九十四播廿八　近四

社數　百七十八ヶ所

（知事家族　三人内男二人女一人）

（軍艦等不所持）

○舞鶴藩

草高　三萬五千石

外ニ高九百十一石一斗三升七合七勺新田畑高

合高三萬五千九百十一石一斗三升七合七勺

正租　米貳萬千百三十貳石一斗三升九勺八才

雑税　米貳百拾四石九斗九合一勺

（合貳萬千三百四十七石四升八才）

錢八百八十貳貫七十文

戸數　一萬二百四十五戸

内

士族　二百九十八戸　寺院山伏　百廿九ヶ寺

卒族　百七十壹戸　社家　貳戸

番非人隠坊穢多　百五十戸

人員　四萬九千百十一人 内 男貳萬四千六百五十六人 女貳萬四千四百五十五人

内

士族　千七百十八人 内 男八百十四人 女八百九十六人

卒族　六百七十八人 内 男三百八十四人 女貳百八十六人

社家　十八人 内 男四人 女六人　寺院山伏　三百八十人 内 僧二百四十壹人 家族下人男七十三人女六十六人

番非人隠坊
穢多　八百五十貳人内男四百三十四人
女四百十八人
（別ニ芦田與右衛門新開發地主
藩士同様ノ者　家族　八十人内男三十九人
女四十一人）
神社　五百十一ヶ所
村數　百廿三ヶ村
（知事家族　不記）
（船艦　不所持）

○丸岡藩

元高五萬石　（坂井郡七十四ヶ村吉田郡一ヶ村
南條郡二ヶ村合七十ヶ村）

草高　五萬二百五十三石四斗二升九勺改出高共
正租　米一萬七千六石壹斗四升五合八勺三才但シ京升
雜税　米六百三十九石二斗一升七合三勺
金千百四十七兩ト錢二〆九百八十壹文
合
米一萬七千六百四十五石三斗六升三合一勺三才
金千百四十七兩ト錢二〆九百八十壹文

(◎校訂者云以下五行欄外記入)
(但シ川欠永荒高
八百十六石三斗壹升二合二勺
内 八十一石三斗二升七合二勺
復起之ヲ引去
殘正高 四萬九千五百十八石四斗三升五合九勺)

戶數 五千三百五戶
内
士族 二百四十九戶 卒族 四百四十七戶
神職 七戶 寺院 六十四戶 内塔頭七軒
穢多 三戶 非人 二十二戶
修驗 三戶

人口 二萬二千九百人 内 男一萬千三百四十二人 女一萬千五百五十八人
内

士族　九百六十二人内男四百五十九人女五百三人
卒族　千四百五十四人内男七百七人女七百四十七人
神職　二十一人内男十一人女十人
寺人　二百四十一人内僧百四十五人女九十六人　内尼十六人
修験　八人内男三人女五人
穢多　十八人内男八人女十人　非人　八十三人内男三十九人女四十四人
神社　百四社
（知事家族　八人男三人女五人）
（船艦　不所持）

○松尾藩

草高　五萬三千四百二十七石五斗六升六勺三才
但シ是ハ御引渡高也前調ニハ五萬三千四百二十八石九斗七勺三才トアリ

村方申出ニ依レハ
五萬三千二百二十八石七斗七升二合九勺二才也
正租　米一萬二千九百四十二石五斗七升六合
永千四百九十二貫二百七十五文二分
錢十五貫三百九十一文
雜稅　米四百一石六斗九升三合
永六百四十六貫五百貳十文四分
錢百二十七貫百十九文
鹽二百十四俵三斗五升三合
菜種三斗一升二合
合計米一萬三千三百四十四石二斗六升九合
永二千百三十八貫七百九十五文六分
錢百四十二〆五百十四文

菜種三斗一升二合

鹽　二百十四俵三斗五升三合

戸數　九千二百二十四戸

內

士族　三百五十軒　卒族　三百三十戸

社家　不詳　寺院　二百三十八ヶ寺

穢多　三戸　番非人三十六戸

修驗　四戸

人口　四萬七千七百二十四人內男二萬四千九百七十一人女二萬二千七百四十三人

內

士族　千六百四十四人內男八百四人女八百四十人

卒族　九百五十三人內男五百三十三人女四百二十人

社家不詳　僧家二百十六人內男二百十三人內僧百九十一人女三人

修驗　十人内男五人女五人
穢多　十二人内男五人女七人　番非人二百一人内男百十一人女九十人
神社　七十七社
（知事家族　不記）

○眞島藩 美作國眞島郡ノ内九十六ヶ村 大庭郡ノ内一ヶ村 合二郡九十七ヶ村

草高　三萬八百九石一斗三合 内込高七千七百四十壹石六斗四升九合 改出新田六十七石四斗五升四合
正租　一萬五百四十七石八斗六升六合
雜稅　米千三百三十四石二斗四升九合四才
金二百五十二兩永四百六十二文貳分五毛 此米五十石四斗九升二合四勺四才
合米壹萬千九百三十二石六斗七合四勺八才（但シ己巳ノ調ヘナリ）
（正租雜稅
一萬千九百三十二石六斗餘
但シ雜稅千三百八十四石七斗四升壹合四勺八才ヲ算入ス（但シ辛未ノ調）

戸數　五千七百九十五戸
內
士族准士族二百軒　卒族百八十九戸
社家三十八戸　寺院三十七ヶ所
修驗拾軒
人口　二萬六千二百四十人 內 男一萬三千八百八人 女一萬二千四百三十二人
內
士族准士族七百九十一人 內 男三百九十八人 女三百九十三人
卒族四百七十八人 內 男二百八十五人 女百九十三人
社家百九十人 內 男九十七人 女九十三人　寺院七十五人 內 男七十人 女五人
修驗二十二人 內 男十六人 女六人
神社　六百三十三ヶ所
（知事家族不記）

（船艦不所持）

○松嶺藩 本高貳萬貳千五百石 羽後國飽海郡 羽前國田川郡 村山郡 上野國勢多郡

草高 貳萬六千八百石壹斗五升七合四勺四才 右四郡ノ内新田込高共

正税 六百八拾三石六斗八升九合壹勺八才 大豆

九千貳百九拾七石六斗七合四勺壹才 正租納高

雜税 九百六拾九石壹斗八升五合三勺八才

外 金八百拾九兩三分二朱銀五匁貳分四厘九毛

砂金三匁壹分貳厘

生糸三拾三匁貳分壹厘

戸數

内

士族戸數 百拾八軒 卒族戸數 三百三拾六軒

社七ヶ所 寺 九ヶ寺

支配民家ノ戸數原書ニ無之

人口

内

士族人口　三百三十九人　男女不分

卒族人口　七百三十五人　男女不分

外人員無之

（知事家族　不記）

（船艦　不所持）

○守山藩（松川ト改）　磐城守山　常州夏海　二十六ヶ村

草高　貳萬九千三百貳拾貳石三斗壹升九合三勺三才

但シ込高新田改正高共

正税米五千六百七拾三石貳斗三升七合貳勺

金千六百貳拾貳兩三分壹朱

永八百四拾三文七分貳厘

雜税米百九拾五石六斗九升壹合

金八百拾四兩貳朱錢五百七十六文

外ニ社寺領四百貳拾四石貳斗七升四合八勺六才

（內守山神社領新田改出高共）

戶數　三千貳百八拾九軒

內

士族戶數　貳百七拾六軒　　卒族戶數　百九拾軒

社人戶數　貳拾九戶　　寺院戶　八拾壹ヶ寺

修驗戶數　八軒　　番非人戶數六戶

外ニ神社數　百三拾七ヶ寺

人口　壹萬七千六百七拾三人　內男九千百四拾七人 女八千五百二十六人

內

士族人口　八百九人　內男四百四拾四人 女三百六拾五人

卒族人口　三百七拾三人内男貳百五拾八人女百拾五人
社人々口　百三拾三人内男八拾人女五拾三人
寺院人口　四拾貳人内男女不分
修験人口　三拾六人内男拾貳人女貳拾四人
番非人々口　六拾人内男三拾七人女貳拾三人
（知事家族　不記）
（船　艦　無之）
○敦　賀　藩元壹萬石鞠山ト改
越前國敦賀郡同國南條郡近江國高嶋郡ノ内
草高　壹萬千貳百七拾五石貳斗六升四合四勺貳才但シ込高新田共
（◎校訂者云以下八行原朱書欄外記入）
（元高壹萬石
込高千百五石四斗五升五合九勺二才
千三百二十六石五斗五合三勺安房國舊領替地
越前國ノ分地所未タ取調サルヲ以テ除ク

四百八十石四斗四升四合二勺二才　込高云々前同断

百十七石八斗六升五勺　新田畑改高

合高九千四百十六石三斗六升七合一勺七才（原本算ヲ失ス但シ之ヲ改メス七合一勺七才ハ六合九勺ナルヘシ）

正税　米四千三百拾五石壹斗五升六合六勺

米四百九拾六石九升七合七勺六才（替地ノ分）

雑税　米六拾六石五斗九升九合五勺七才

金六百五拾四兩貳分永貳百八拾壹文四分九厘貳毛

米九石三斗七升八合（替地ノ分）

永拾貳貫九百四拾八文七分（替地ノ分）

戸數　千七百九拾九軒内（貳百五十三戸替地ノ分　寺六ヶ寺）

内

士族戸數　四拾八軒　　卒族戸數　七拾壹軒

社　壹戸　寺院戸　七拾ヶ寺

人口　七千五百八十四人内男三千七百六十九人女三千八百拾五人

（内千五十二人内男四百九十七人女五百三十七人替地ノ分）

内

士族人口　百四十九人内男六十八人女八十一人

卒族人口　百六十八人内男九十七人女七十一人（本書失算内譯ニ依ル）

社人々口　七人内男四人女三人

寺院人口　八十九人内男六十五人女二十四人（外ニ九人僧替地ノ分）

（社　壹社）

○松岡藩

草高　不分

正税　現米三千八百貳拾四石四斗壹升八合七勺五才

永六百六拾六貫六百貳拾三文五分

（此米八十三石三斗二升七合九勺三才石八兩立）

雜稅　稗百三拾三石八斗壹升五合（兩五斗替）

此米三拾三石四斗五升三合七勺五才

金八百六拾七兩永貳百三拾六文

此米百八石四斗四合五勺

（支配地）合四千四十九石六斗四合九勺三才

社寺領　三百壹石四斗貳升

戸數　貳千八百四拾貳軒

內

士族戸數　百貳拾壹軒　卒族戸數　百五軒

社家戸數　貳拾三軒　寺院戸數　拾六ヶ寺

穢多戸數　八軒

外ニ社　貳百三拾九ヶ所

人口　壹萬貳千八百五人内男六千五百四拾四人女六千貳百六拾壹人
内
士族人口　五百七人内男貳百五十八人女貳百四十九人
卒族人口　三百六拾五人内男百八十六人女百七十九人
社家人口　百三十九人内男七拾人女六拾七人（下男一人下女一人）
寺人口　三拾九人内僧三拾人下男九人
穢多人口　六拾五人内男三拾五人女三拾人
村數　貳拾九ヶ村
（知事家族　不記）
（船艦　不記）

○福岡藩

草高　四拾七萬三千百石
新田高九萬八千四拾壹石餘

合高五拾七萬千百四拾壹石餘

正租　米二拾萬六千六拾六石餘
　　　大豆二萬六千九百四拾四石餘
　　　銀百三十三貫七百五十目餘

雜稅　米百廿八石餘
　　　銀貳百七拾一貫百四十目餘
　　　錢四十壹貫八百文餘

戸數　六萬七千五百五十七戸
　内
　　士族　千七百四十九戸　　卒族　五千百七十壹戸
　　神職　四百十六戸　　僧徒　七百七十二戸
　　皮多　三千七百戸

人員　三十六萬六千三百三十八人内男十八萬五千三百貳十人
　　　　　　　　　　　　　　　　女十八萬千十八人

内

士族　六千七百六十九人 内 男三千四百八十人 女三千貳百八十九人

卒族　貳萬六千五人 内 男一萬四千五百六十四人 女一萬千四百四十一人

神職　四千五十二人 内 男貳千四百貳拾貳人 女千六百三十人

僧徒　千九百九十九人 内 男千九百四十八人 女五十一人

皮多　貳萬千四百八十五人 内 男壹萬千貳百五人 女壹萬貳百八十人

（運用船 但シ西洋形 一艘 船名等不記）

（知事家族 不記）

○福井藩

草高　三十三萬六千百九十四石三升九合六勺

本高込高新田改出共

外ニ朱印地神社　百石

六百九十四石九斗一升九合 寺領除地

正租　現米拾萬九千四百拾四石八斗九升六合六勺

雑税　現米三千二百二十一石九斗貳升七合七勺

都合拾壹萬貳千六百三十六石八斗貳升四合五勺

（以下三行原朱書）

（別ニ産物税

奉書紙永二百三十貫文　午房種永一貫八百十五文

切石砥石金十兩　鎌幷菜切永三貫七百五十文）

戸數　六萬六千三百八十四戸

内◎内字校訂者追記

士族　八百八十七戸　卒　千四百三十九戸

社家　貳拾八戸　寺　六百三十八寺

山伏　二十二戸　道場　八十一戸

庵　六十六戸

穢多　四十六戸　非人　百三十戸

人員　廿八萬四千九百三十五人　内 男十四萬千貳百七十二人　女十四萬三千六百六十三人

内

士族　四千八百十九人　内 男貳千三百六十三人　女貳千四百五十六人

卒　七千三百廿六人　内 男四千三百六十九人　女貳千九百五十七人

社家　百五十四人　内 男六十九人　女八十五人

寺院　貳千六百四十四人　内 男千七百八十人　女八百六十四人

山伏　百五十八人　内 男六十八人　女九十人

道場　二百八十五人　内 男九十人　女百九十五人

庵　七十二人　内 男　女七十二人　但尼僧

穢多　百九十一人　内 男九十人　女百一人　非人　四百六十七人　内 男二百十五人　女貳百五十二人

神社　十七所

（知事家族　六人　内 男三人　女三人）

（船艦　不記）

○福山藩

草高　拾壹萬石

外貳千七百貳十八石六斗八升貳合　込高新田高共

〆高拾壹萬貳千七百貳拾八石六斗八升貳合

外一反別凡三百五十四町歩程　新涯地

内

貳百十五町三反四畝八歩　地味相直候迄收納差免之分

此分米千百八石六斗三升壹合

殘凡百拾八町六反歩　汐入等有之分米未定之分

一反別凡十八町五反歩　竿入未相濟見分次第見取米相納候分　新發畑

正租

米四萬九千拾七石四斗八升五合八勺貳才

（一ニ二勺ノ字ナシ但シ同月調ナリ）

金貳萬三千四百八十八兩永貳百九十八文四分八厘九毛

雜稅

米貳千七百九十九石貳斗三升壹合壹勺

金九千六百壹兩永七十六文七分四厘七毛

〆米五萬千八百拾六石七斗壹升六合九勺貳撮

金三萬三千八十九兩永三百七十五文貳分三厘六毛

（◎校訂者云以下七行原書欄外記入）

（雜稅金永ノ內

千六百四兩ト永三百六十一文三厘六毛　疊表莚類運上

千五百五十一兩ト永九百四十六文三分一厘七毛　綿類運上

金九十二兩ト永六百七十六文一分五厘三毛　煙草運上

金七百六十八兩ト永五百六十文七分五厘八毛　鹽運上

金三十五兩ト永三百二十文六分一厘五毛　銘酒納金

合四千五十二兩ト永八百六十四文八分七厘九毛）

戸數　三萬八千七百貳十七戸

内

士族　七百九十九戸　修驗　不詳

卒族　千五百四十六戸　社家　百三軒

寺院　貳百九十貳戸　庵　七戸　虚無僧頭　不詳

佛體入堂　六百四十八ヶ所　寺院門前宗門附家數　百五十九戸

穢多　八百五十三戸　茶筅　百六十五戸

非人　百九戸

人員　十八萬五千八百五十八人　内 男九萬六千六百九十四人 女八萬八千百六十三人

(◎以下四行原書朱書)

(戸數人員等ノ事

但シ該藩書上書甚タ混雜不分明而シテ終リノ一紙明白ニ之ヲ記ス故ニ

其明白ナルモノヲ取テ相違ノ書ヲ記セス云々

但シ調ノ月日ヲ調(マヽ)カニセス)

內

士族　四千四百二十三人内男二千百八十三人女二千貳百四十人

卒族　四千八百十八人内男二千六百八十貳人女二千百三十六人

寺院竝庵　千百七十三人内男六百九十四人僧女四百七十九人内尼四人

社家　五百六人内男貳百六十四人女貳百四十貳人

寺院門前宗門附之者　七百七十八人内男四百八十八人女貳百九十人

穢多　三千八百四十九人内男貳千十一人女千八百三十八人

茶筅　八百十九人内男四百貳十四人女三百九十五人

非人　五百八十八人内男貳百八十九人女貳百九十九人

神社　貳千三百貳十五社

（帆前船　順風丸木製ヒコナ船　備後鞆津ニテ作ル）

（知事　五人男一人女四人）

符　箋　ノ　所

（符箋末尾ニ出ス）

○府内藩

草高　貳萬六千四百貳拾貳石三斗三升壹勺（新田込高共）社寺料無之

正租米一萬貳千七百貳十石八斗九升五合　米納

米五拾壹石六斗貳升三合（此永四百十二〆九百八十五文九分）代納

米千百四十四石五斗四升七合（此大豆二千百七十三石五升三合也）大豆納

雜税永千九百四十貫九百九十三文壹分五厘（此米貳百四拾貳石六斗貳升四合）

合米壹萬四千百五十九石六斗八升九合

（以下五行原朱書）

（草高之内）

内

永捨ノ分　千二百八十六石三斗九升六合壹勺

當捨ノ分　千六百十二石七斗八升一合三勺

殘高二萬三千五百二十三石一斗五升二合七勺）

戸數七千三百七十戸

内
士族　貳百三十八戸　卒　貳百三十三戸
社家　六拾九戸　寺院庵共　百貳拾五戸
修驗　拾三戸
穢多　六十貳戸　非人　十戸

人員　三萬三千三百廿三人　内　男壹萬七千四十三人　女壹萬六千貳百八十人
内
士族　千貳百六十五人　内　男六百三十六人　女六百二十九人
卒族　千六十八人　内　男五百貳十九人　女五百三十九人
社家　三百拾貳人　内　男百七十九人　女百三十三人
寺院　三百貳拾八人　内　男貳百貳十人　女百八人
修驗　三十五人　内　男十七人　女十八人
穢多　三百十七人　内　男百五十壹人　女百六十六人

非人　七十貳人内（男三十九人　女三十三人）

神社　百十四社

村數　九十七ヶ村

郡數　一

（船艦　不記）

（知事家族　三人内（男二人　女一人））

付箋

（一ニ曰ク　年月不分

正租
米　一萬二千七百貳十六石七斗六升六合七勺
大豆　二千百十一石九斗六升二合
小物成定納　金百二十六兩永四十三文八厘

雜税
米　米四百四十五石四斗七升九合
大豆　百石九斗九升壹合
小物成不定納　金四百五十五兩永九百五十九文七厘

產物琉球表　金千百六十七兩永五百二十貳文餘

生蠟　金百九十九兩永七百十九文餘

合　米大豆　一萬五千三百八十五石壹斗九升八合七勺

　　金　千九百四十九兩永二百四十三文一分五厘）

○福知山藩（本高三萬二千石）

草高　三萬二千九百三拾三石五斗六升六合八勺　新開共

正租　米一萬三千七百二十四石一斗九升

雜稅　米百二十三石壹斗五升三合六勺

　　金百九十八兩二分二朱永八分八厘

　　此米四十九石六升七勺三才　石札平均五百六十七匁八分兩札百四十匁

　　合米一萬三千八百九十六石四斗四合餘

戶數　七千六百六十八軒

內

士族　二百七十六軒　　卒族　二百八十四軒
社家　七軒　　寺院　五十七ヶ寺
修験　十軒
非人　三十六軒　　穢多　三百廿一軒
人口　三萬千百三十八人内男一萬五千六百七十七人　女一萬五千四百五十三人
内
士族　八百四十五人内男四百二十人　女四百二十五人
卒族　六百九人内男三百三十六人　女二百七十三人
社人　二十九人内男十四人　女十五人　　寺人　百三十五人内男百九人　女二十六人外ニ尼二人
非人　百六十一人内男七十六人　女八十五人
穢多　千七百三十四人内男八百五十一人　女八百八十三人
修験　三十三人内男十五人　女十八人
神社　原本不書

（知事家族　四人男二人 女二人）

○福江藩　肥前松浦郡五島

草高　二萬二千三百六拾石四斗二升六合三勺七才二扎　改高共
（一萬九千三百七十五石九斗五升五合六勺六才六扎改正増共左ノ通リ也）

正租　米八千四百八十五石一斗九升七合七才七扎
金八十兩三朱ト錢百文

雜税　金一萬三千五百七十四兩三分貳朱ト壹〆四百八十六文
合壹萬百九十二石九升九合七勺壹才四扎但シ一石八兩詰

戸數　壹萬千八百九十二戸
內
士族　三百十六戸　卒族　二百八十五戸
社家　百九十戸　寺院　四十五戸
修驗　二戸　穢多　四戸

◎校訂者云
原書玆處ニ
符箋アリ末
尾ニ附ス

人口　六萬二千二百九十四人内男三萬二千三百十一人女二萬九千九百八十三人

内

士族　千七百十八人内男八百十四人女九百五人

卒族　千二百七十九人内男六百六十九人女六百十人

社人　千百八十七人内男六百三人女五百八十四人

寺人　九十九人皆僧ニテ女ナシ　修驗　十五人内男九人女六人

穢多　二十三人内男九人女十四人

神社　四十社

（知事家族　七人男四人女三人）

符箋

草高　二萬三千九百七十二石八升二合四勺三才一扎

正租　米八千四十二石六斗九升七勺六才二扎

雜稅　金六千七百七十八兩三分二朱ト錢壹貫七百六十八文

此附紙ハ五島銑之丞舊采地共合計之分後長崎縣ヘ引渡シ殘ノ分ハ本書之通リナリ

○福本藩 播磨國神東郡ノ内十ヶ村　神西郡ノ内十四ヶ村　印南郡ノ内一ヶ村　都合三郡ノ内二十五ヶ村

草高　本高一萬五百七十三石二斗三合八勺）
一萬千五百七十三石五升二合 新田改高共
◎以下四行原書欄外
（本福本藩支配地ハ壹萬五百七十三石二斗三合八勺ナリ右ニ新田
改出高ヲ加フ云々
此本高新田合計ノ内七千七十三石五升二合ハ福本藩配分
殘リ四千五百石ハ宗家鳥取藩ヨリ廩米ヲ以テ差足ノ分）

正租　米五千二石壹斗六升六合
大豆四十三石壹斗五升

雜税　金八十七兩二分ト永百六十九文六分二厘五毛 諸産物及諸税

戸數　千六百八十六軒
内
士族　九十六軒　卒族　八十軒

社家寺院等不詳細

人口　七千百九十四人内男三千六百九十一人女三千四百三人

内

士族　三百六十一人内男百八十八人女百七十三人　卒族　百七十人内男九十五人女七十五人

社人　三人　神子　二人

僧　二十三人

神社　不詳細

（知事家族　三人男一人女二人）

○吹上藩

草高　壹萬三千七百七石七斗六升七合四勺二才　込高新田改出高共

正租　米三千二百三十石五斗三升七合七勺三才

永四百九十七〆三百九十八文二分八厘

雑税　米百九十壹石五斗三升八合八勺二才

大豆四石
金六兩壹分銀十四匁四分四厘
永三百二十壹貫三百七十九文四分四厘
錢六貫百七十四文但シ金壹兩ニ付錢十貫換
合米三千四百二十二石七升六合五勺五才
永八百十八貫七百七十七匁七分
此金八百十八兩三分ト銀十匁六分六厘
金四兩銀六匁五分
合金八百二十五兩三分銀八匁一分六厘
大豆四石
戶數　千四百七十三戶
內
士族　百六軒　卒族　七十軒

社家　八軒　寺道場　四十三ヶ所内（道場三ヶ所　無持二十ヶ寺）

付箋（後ノ調ヘ打分ナキヲ以テ前ノ調ニ依ル）

穢多　五十六軒　非人　二軒

人口　六千八百二十六人内（男三千四百三十六人　女三千三百九十人）

内

士族　三百八十三人内（男百九十人　女百九十三人）　卒族　百六十六人内（男九十九人　女六十七人）

社家　五十人内（男二十五人　女二十五人）

寺道場　七十三人内（男五十五人　女十八人）　僧二十人

穢多　百八十六人内（男九十四人　女九十二人）　非人番　九人内（男二人　女七人）

神社　四拾九社

（知事家族　四人（男二人　女二人））

藩制一覧 一

日本史籍協會叢書 173

昭和 三 年 八 月二十五日 初版
昭和四十二年 三 月二十五日 覆刻

編 者 日本史籍協會
代表者 森谷秀亮
東京都三鷹市上石原二一一二番地

發行者 財團法人 東京大學出版會
代表者 神立 誠
東京都文京區本郷七丁目三番一号
振替 東京五九九六四 電話(八一一)八八一四

印刷・株式會社平 文 社
本文用紙・北越製紙株式會社
クロス・日本クロス工業株式會社
製函・株式會社 光陽紙器製作所
製本・有限會社 新 榮 社

日本史籍協会叢書 173
藩制一覧 一（オンデマンド版）

Digital Publishing

2015年1月15日 発行

編　者　　日本史籍協会
発行所　　一般財団法人　東京大学出版会
代表者　渡辺　浩
〒153-0041　東京都目黒区駒場4-5-29
TEL　03-6407-1069　FAX　03-6407-1991
URL　http://www.utp.or.jp

印刷・製本　　株式会社 デジタルパブリッシングサービス
TEL　03-5225-6061
URL　http://www.d-pub.co.jp/

AJ072

ISBN978-4-13-009473-3　　Printed in Japan